시산맥 시에세이 038

일러스트가 있는 영화 에세이
영화를 먹은 여자

시에세이 038

일러스트가 있는 영화 에세이

영화를 먹은 여자

초판 1쇄 인쇄 | 2025년 11월 25일
초판 1쇄 발행 | 2025년 11월 30일

지은이　문수인
펴낸이　문정영
펴낸곳　시산맥사
편집주간　김필영
편집위원　신정민 최연수
등록번호　제300-2013-12호
등록일자　2009년 4월 15일
주소　03131 서울특별시 종로구 율곡로 6길 36. 월드오피스텔 1102호
전화　02-764-8722, 010-8894-8722
전자우편　poemmtss@hanmail.net
시산맥카페　http://cafe.daum.net/poemmtss

ISBN 979-11-6243-650-9 (03810) 종이책
ISBN 979-11-6243-651-6 (05810) 전자책

값 15,000원

* 이 책은 전부 또는 일부 내용을 재사용하려면 반드시 저작권자와 시산맥사의 동의를 받아야 합니다.
* 이 책은 교보문고와 연계하여 전자북으로 발간되었습니다.
* 저자의 의도에 따라 작품의 보조 동사와 합성 명사는 띄어쓰기가 달라질 수 있습니다.

일러스트가 있는 영화 에세이

영화를 먹은 여자

문수인 지음

머리말

공감각적 소통의 도구로서
영화를 이용하기

　이 책은 '영화 인문학'이라는 이름으로 진행하고 있는 토론식 강의의 내용에 사유를 더해 정리한 것입니다. 문학과 영화를 좋아하는 사람들에게는 감상 능력을 극대화하여 빈틈없이 즐길 수 있도록 돕는 것이 목적이며, 영화를 공부하고 제작하는 전문가들에게는 어떻게 만들어진 영화가 성공을 거두고 오래도록 기억에 남을 수 있는지를 들려주기 위해 관객의 시선으로 고민한 시간의 기록입니다. 따라서 영화가 오락에 그치지 않고 개인의 정신적 삶에 미치는 영향에 대해서도 이야기합니다.

　영화를 좋아하는 아마추어 화가들의 그림을 감상하는 것으로 시작해서 장면과 대사에 집중하고 스토리를 이해하며 감상하면서 동시에 일어나는 의문을 문장으로 만들어 메모하기를 권합니다. 감상이 끝난 뒤에도 의문이 해결되지 않을 때는 발문(부록)을 참조해 보시기 바랍니다. 발문으로 새로운 의문이 생기면 2회 감상하게 됩니다. 의문이 해결되면 2회 감상으로 족하고 발문이 3회 감상을 하게 할 수도 있습니다. 이 자발적 과정을 통해 3회 감상하게 된다면 타인에게 들려주고 싶어집니다. 이렇게 흡족한 감상이 됐을 때 자연스럽게 필자의 평론 수필을 읽기를 권합니다. 영화가 대화와 소통의 진지한 매개체의 역할을 한다는 것을 독자가 공감하게 됩니다.

  영화를 포함한 '작품'을 감상하는 데는 오감각의 작동이 중요한 역할을 합니다. 다섯 감각의 협연이 정신과 만나 해석을 해낼 때, 감정과 이성이 하나가 돼서 경계를 허물고 이해와 소통이 수월합니다. 영화가 원작의 내용을 만족스럽게 전달하기 어렵다고 하지만 의외로 영화가 원작에 생명력을 불어넣어 관객이 원작을 찾아 읽게 만드는 경우도 적지 않습니다. 원작의 최고 독자인 감독의 통찰력이 만드는 장면들의 풍부한 전달력이 관객으로 하여금 원작이 궁금하게 만드는 것입니다. 실제로 필자가 경험한 바로는 영화 속 장면을 보면서 마치 문장을 읽는 느낌을 받기도 합니다. 진지한 사유와 고뇌를 담은 내용을 명배우가 풍부한 몸짓과 표정으로 녹여낼 때 가능합니다.

  여기 수록한 영화들은 영화제 수상작, 문제작, 예술성이 뛰어난 작품들입니다. 문학적, 철학적, 심리학적 통찰이 풍부하여 가이드라인에 따라 감상하면 독자가 지닌 인문학적 통찰력과 만나 의식의 지평이 열릴 것으로 기대합니다. 불편함과 진지함, 독자 스스로 내면을 들여다보게 만드는 영화들이어서 자신을 둘러싼 현실의 문제를 심도 있게 고찰하는 힘이 길러질 수 있습니다. 오감을 통해 감독이 구현하는 영상을 즐기면서 언어의 냄새를 흡입하고 관객의 정신이 협동하여 해석을 해낸 후에는 과감히 감독과 마주 앉을 준비도 돼 있을 것입니다.

우리가 건강을 원하는 당연한 이유에는 은밀하고도 당당하게 따라붙는 '인간다운 생애'에의 욕구를 빼놓을 수 없습니다. 완벽한 분석력으로 이루어지는 허점 없는 영화 감상이 건강한 정신을 유지하는 도구나 수단이 된다는 것을 확인하게 됩니다. 그 결과, 혼자 감상하는 것으로 그치지 않고 영화를 소재(매개)로 가족, 이웃과 소통하고 함께 문제를 해결하는 계기가 될 것입니다. 감독을 비롯한 영화학도, 제작에 참여하는 사람들도 관객의 시선을 가깝게 의식하고 자신들의 작업의 의미를 높고 깊게 생각하게 될 것입니다.

혼자 힘으로는 불가능한 장면 일러스트를 위해 적극적으로 도와주신 진주교대 평생교육원의 김명신 선생님, '어반 스케쳐스 광주'의 박정인 선생님과 화가 분들, 이 책이 나오도록 도와주신 많은 분들의 우정에 깊은 감사의 말씀을 드립니다.

2025년 11월 문수인

추천의 말

감독과 마주 앉기

사람들은 그저 바라보는 것보다는 스토리에 공감하기를 좋아하고 그래서 잘 짜여진 스토리를 열망한다. 먼 조상 때부터 우리는 대화를 나누고 살아오면서 신화나 전설과 같은 서사에 가치와 규범을 담아서 공동체 집단의식과 정체성을 유지했다. '서사를 통해 자아와 시간, 타자와의 관계를 이해하며, 그것이 곧 존재 방식 자체'라고 말한 리쾨르(Paul Ricoeur)의 주장에서도 이야기가 실존과 직결돼 있음을 읽게 된다. 놀라운 기술의 진보 덕에 출퇴근 시간에도 손바닥 안에서 영화와 만날 수 있다. 손쉽게 다가온 영화는 우리로 하여금 주변과 소통하고 대화를 이어 나가도록 물꼬를 트고 동질감을 선사하는 필수품이 되었다.

영화라는 매체 속에서 관객은 제작자와 만난다. 감독을 비롯한 제작자가 세상을 향해 전하려는 메시지나 감정은 그들의 '시선'을 통해 전달되고 동시에 관객과 대화를 시도하면서 공감도를 타진한다. 그 만남에서 우리는 감독이 의도적으로 표현한 세계를 이해하고 수용하기도 하면서 개개인 삶의 형태와 의미를 이해할 기회를 갖는다.

영화 감상이 오락을 넘어 자신이 속한 집단과 정체성을 공유하고 싶은 실존의 욕망이라고 할 때, 영화평을 찾아 읽는 일은 영화에 투입한 감정과 지성의 소비를 수확으로 전환하려는 고급스러운 욕구일 것이다. 이 소비는 욕망의 거울이고, 미적 성찰의 대상이며, 실존의 시험대로서 자신을 어떻게 이해하고, 타자와 어떤 관계를 맺으며, 어떤 삶을 살 것인가를 이해하려는 철학적 행위다.

값진 소비의 결과는 따라서 좋은 영화를 볼 때 극대화된다. 좋은 영화에는 승부사 기질의 감독이 자리 잡고 있다. 그는 세상에 전하고 싶은 메시지에 어울리는 서사를 치밀한 구성 속에 녹일 뿐 아니라 은유와 상징을 배우의 표정, 장치와 미장센으로 심어, 관객의 두뇌와 심미안을 자극할 것이다. 오감을 통한 관찰력으로 일어나는 이성과 감정의 진검술(眞劍術)로 관객을 압도하려고 시도할 것이다. 그런 면에서 '영화를 먹은 여자'는 진지한 소통을 갈망하는 감독과 일대일로 대면하고 있다. 스물네 편으로 구성된 글을 따라가다 보면 어느덧 감독의 묵언(默言)까지 들여다보도록 안내해서 그의 비밀을 공유하는 쾌감을 얻게 한다.

저자 문수인은 자신의 글이 에세이라고 말하면서도, 치열한 영화 감상법이 관객의 지적 삶에 영향을 끼칠 것임을 확신하고 있다. 소개하고 있는 영화들은 '도전의식'이 필요한 작품들이다. 게다가 본문을 읽기 전에 두 차례는 관람하기를 권하고 있다. 이렇듯 양보 없는 투박한 안내는 역설적으로 독자에 대한 깊은 신뢰를 말한다. 젠더의 양분법을 관통하는 인문학적 안목으로 세상과 공존하며 자아를 발견하는 길은 단군신화 속 곰처럼 일러주는 대로 따르는 것밖에는 편법이 없음에 공감해서일까? 보람찬 소비를 원하는 독자들이 이 책에 차려진 영화를 음미하며 성실하게 먹다 보면 청량한 삶의 쾌감을 경험하게 되리라 믿는다.

홍성근 (시인·경상국립대학교 명예교수)

Contents :

헤어질 결심 Decision to Leave	16
다가오는 것들 Things to Come	25
여덟 개의 산 The Eight Mountains	32
경아의 딸 Gyeong-ah's Daughter	41
페인티드 베일 The Painted Veil	49
피아니스트의 전설 The Legend of 1900	56

위기

맨체스터 바이 더 씨 Manchester by the Sea	66
더 리더 : 책 읽어주는 남자 The Reader	74
슬픔의 삼각형 The Triangle of Sadness	83
오마주 Hommage	90
사랑하는 당신에게 The Last Dance	99
가장 따뜻한 색, 블루 Blue is the Warmest Colour	106

눈먼 자들의 도시 Blindness	116
어디 갔어, 버나뎃 Where'd You Go, Bernadette	125
정이 JUNG_E	132
가재가 노래하는 곳 Where the Crawdads Sing	141
퍼펙트 데이즈 Perfect Days	149
남아 있는 나날 The Remains of the Day	156

시대정신

위대한 작은 농장 The Biggest Little Farm	166
나이애드의 다섯 번째 파도 Nyad	175
더 와이프 The Wife	182
다음 소희 Next Sohee	191
드라이브 마이 카 Drive My Car	198
완벽한 가족 Blackbird	207

헤어질 결심 Decision to Leave

다가오는 것들 Things to Come

여덟 개의 산 The Eight Mountains

경아의 딸 Gyeong-ah's Daughter

페인티드 베일 The Painted Veil

피아니스트의 전설 The Legend of 1900

품위

01

헤어질 결심

Decision to Leave

ⓒ 어형원

ⓒ 어형원

언어가 만드는
분명함과 모호함의 경계
―감독과 관객의 친밀한 대화

"죽은 남편이 산 노인 돌보는 일을 방해할 순 없습니다."

귀에 콕 박혀 있던 문장의 패러디를 35년 후에 다른 곳에서 듣는 일은 '재미있다'.

"죽은 자가 산 자보다 더 대우받던 시대가 있었다." 영화 〈씨받이〉의 나레이션이다.

일상에서 영화의 대사를 사용하는 순간

"죽은 사람이 산 사람보다 더 중요한 거지."

영화 속 나레이션을 가져다 사용한 적이 있는데 그 쾌감이 상당했다. 육아와 가사 노동, 직업적 성취라는 몇 마리 토끼를 잡으며 분주하던 시절의 얘기다. 패러디하지 않아도 상황에 대한 이해와 공감을 일으키기에 적절한 대사였다. 이십여 년 전 추석을 며칠 앞둔 날. 친구와 추석 차례상 얘기를 하던 중, 내 입에서 불쑥 나온 말이다. 당시 나이로 볼 때 지금의 박찬

19

욱 감독과 비슷했을 노 감독(임권택)의 시선과 함께했던 순간이다.

말이 생각을 잘 표현하는가

영화 〈헤어질 결심〉에서는 안개로 표현되는 각종 모호함이 살인 사건을 수사하는 형사 해준(박해일 분)의 주위에 상존한다. 그런데 해준과 주변 인물들이 사용하는 말에 대한 주관적 해석이나 정확지 않은 발음이 이 모호함을 시각화하고 있다는 게 아이러니다. 해준이 수시로 안약을 사용하는 것은 정신(spirit)과 시각(sight)의 상관성을 보여준다. 서래의 어눌한 한국어 능력이 전면에 등장하기 때문에 이것을 관객이 인지하긴 어렵지만 예민한 관객은 기억한다. 대사가 정확히 들리지 않아 짜증 났지만 내 귀가 안 좋은 것이려니 했다는 것을. 일상에서도 누구의 발음과 누구의 귀 중 어디에 문제가 있는 것인지 찾아내는 건 쉽지 않다. 이것도 감독의 의도였으리라 생각하고 싶다.

중국인으로 성장한 서래(탕웨이 분)는 한국어 능력이 부족함을 인정하고 사전을 습관적으로 사용한다는 설정도 흥미롭다. 모국어가 일상 언어인 사람들은 부정확을 인지하지 못한 채 사전을 들출 필요조차 느끼지 않는다. 소통의 매개체인 언어가 상호 약속하에 사용된다는 생각을 지지하는 최후의 보루는 사전이다. 이 점에서 시종일관 정확성을 추구하는 인물인 서래와 다른 인물들의 대비가 관객에게 뒤늦은 통찰을 경험하게 한다. '붕괴'를 말하는 해준은 과연 서래로 인해 붕괴되었는가. 우리가 절망을 느낄 때 누구에게 책임을 돌리고 원망의 말을 하는지를 상기해보면 해준을 장악하고 있는 서래의 존재가 분명해진다. 서래의 영롱한 눈과 수시로 안약이 필요한 해준의 눈은 의식의 선명도와 행동 결정 능력이 다를 수밖에 없다.

해준과 정안(이정현 분)의 관계에서도 이런 식의 불투명한 대화가 관객을 안개 속으로 이끈다. 옆자리 이주임(유태오 분)이 남자임을 드러내지 않은 채 이야기하는 정안과 궁금한 것이 없는 해준. 주말에 온 남편을 놔둔 채 컴퓨터만 들여다보고 있는 정안과 패딩코트 안에 팬티만 입고 있는 해준에게서 근근이 이어가는 부부의 결혼생활이 보인다. 집요하게 결혼반지를 끼고 있는 것만큼이나 우리는 밀착해서 재미있게 살고 싶은데 말이다. 그래서 정안이 결혼생활에서 추구하는 게 대체 뭘까 하고 의아해하다가 관객은 결국 결혼과 사랑에 대해 각자 재인식하기에 이른다.

해준과 정안의 결혼에 대한 견해는 달라 보인다. 주말부부로서 해준이 늘 정안이 있는 이포로 가서 따뜻한 밥을 먹이고 싶어 하고, 생선을 사서 직접 손질(피를 무서워한다면서)하며 베드씬에서 보여주는 부부관계는 편견을 깨는 것에 더해 불공평할 정도로 급진적 남편상이다. 과거에 자조적 '수퍼우먼'이 있었다면 해준은 이제 '수퍼맨'이다.

욕망과 사랑의 시작

욕망과 사랑을 놓고 실체와 허상으로 정의 내릴 수 있다거나 무엇이 먼저여서 점차 발전해 간다고 결론 내릴 수 있다면 편리할 것이다.

해준의 욕망은 두 사람의 관계가 시작되게 하는 원동력이다. 공감대가 형성되고 편안함을 느끼며 믿고 싶어지는 '우리'가 되게 하는 힘이다. 서래의 말이 유머(불면증인 형사와 노인 돌보는 일에 관한)로 발전해 해준을 통해 사용되면서 공유하는 장면은 서로 다가가고 받아들여지는 일상적 사랑의 모습이다. 그럼에도 거침없이 욕망에 충실한 정안과는 달리 해준의 욕망에는 자신이 없고 그래서 더 현실적으로 느껴진다. 108계단을 오르고 핸드크림을 발라주는 행위 정도로 성행위를 대신하고 눈 내리는 산을 쫓아 올라가면서도 죄를 추궁하는 것으로 함께 있고 싶은 마음을 전할 뿐. 해준의 감정이 기득권자의 두려움 때문인지 확실하지 않을 정도로 허우적대는 상황에서 서래의 사랑은 갖지 못한 자의 두 손의 여백 혹은 자유에서 오는 것으로 보인다. 손가락의 결혼반지만큼이나 엄연한 현실이다.

타인의 심연을 보는 자

'불편한 진실'을 볼 용기에 대해서는 생각 자체만으로도 '불편'하다. 그런 용기가 없는 사람이 주인공일 때 생기는 공감대와 리얼리티, 생각할 거리는 관객이 응당 누려야 할 권리다.
"이포에 왜 왔어요?" 공허한 질문은 상대의 귀로 들어가지 않는다. 진심을 인정하지 않으려는 자기 배반에 지나지 않기 때문이다. 해준의 물음이 공허한 반면 서래의 응수는 단호하며 간결해서 해준의 흔들림을 '꼿꼿하게' 받친다. "그걸 왜 자꾸 물어요?" "나를 만났을 때 다시 사는 것 같았죠?" 질문조차 '꼿꼿한' 서래는 해준의 심연을 보고 있으니 사랑의 확신에서 오는 자신의 것도 들여다보지 않을 수 없다.

서래가 조력사에 관여하는 것 또한 실존적 의미에서 두 노인의 심연에 닿은 결과로 보인다. 이런 능력은 인간애를 지닌 자에겐 축복이자 고통이기도 하다. 누군가에겐 소명이고 누군가에겐 천형이라 해도 기꺼이 가야 하는 길이다. 죽은 새를 고이 묻어주듯 자신을 쉬게 할 수 있는 사람은 오로지 자신밖에 없다는 것을 아는 자. 심연에서 희망의 씨앗을 집어 들고 일어서는 것은 물론 관객이어야 한다.

삶의 문제들을 경험 철학으로 정보 처리하고 재정비함으로써 반복되는 일상은 '평화'로 재인식될 수 있다. 앞으로 이 지면에 감독이 관객에게 대화를 유도하는 좋은 영화들이 등장해 일상을 다시 일으키는 도구가 됐으면 싶다.

2022년 9월, 여성신문

02
다가오는 것들
Things to Come

지식의 숭배와 이용,
개인의 오래된 미래를 상상하다

사고력 발전에 대한 욕구와 이유

"생각과 행동의 일치는 중요해요. 선생님 교육엔 없었던 거죠."
성장한 제자가 스승에게 이렇게 말한다면 스승은 어떻게 반응해야 할까. 뼈아픈 비판 앞에 스승이 보여주는 자세로 참 스승 여부가 확인되지는 않을까. 제자의 장서에서 자신이 좋아하지 않는 저자의 책에 코웃음치고 '네가 슬라보예 지젝(슬로베니아의 철학자)을 참고할 줄은 몰랐다'며 타인의 생각을 콘트롤하는 스승에게 제자는 '내가 가지고 있는 책과 내 생각은 다르다'고 말한다. 실제로 타인의 생각들은 내 생각을 명확하게 드러내주는 도전적 거울이기에 우리는 때로 열린 토론의 장을 펼치고 사고의 방향성을 확보한다.

함께 있으나 따로 존재하는 사람들

영화는 겨울 휴가를 즐기는 나탈리(이자벨 위페르 분) 가족의 모습으로 시작된다. 고등학교 철학 교사인 남편과 두 남매는 뱃전에, 역시 같은 직업을 가진 나탈리는 실내에서 학생들의 과제를 채점하고 있다. 과제의 제목은 "타인의 입장을 이해하는 것은 가능한가." 남편 하인츠(앙드레 마르콩 분)가 밖에서 유리창을 두들기며 경치가 좋으니 나오라고 한다. 가족과 함께 있는 시간을 즐기자는 말이다. 나탈리는 과제물에 'AA'라는 높은 점수를 주고 일어선다. 이어 '음악은 듣기와 보기를 같이 해야 한다'는 하인츠의 말에 나탈리는 의아하고, '파도와 바람 소리(불변의 것)'만 듣고 싶어 했다는 시인 샤또브리앙의 기념석 글귀, 묘비 앞에서 사색하다 돌아서는 하인츠의 모습 위로 뜨는 프랑스어 원제 L'avenir(The Future)의 자막. 두 사람의 미래가 고요 속에서 어긋나며 흘러들고 있음을 본다.

   식탁에서 티격태격, 어쩌면 정겨운 부부의 일상적 신경전이지만, 불편하게 지켜보던 딸 끌로에(사라 레피카르드 분)가 아버지를 찾아와 '다른 여자가 있는 거 알고 있다'며 되도록 빠른 결정을 부탁하고, 하인츠는 곧바로 나탈리에게 '그 여자와 살고 싶다'고 말한다. 그런데 남편에게 다른 여자가 있다는 말에 응당 보일 반응을 나탈리는 보이지 않는다(못한다). "그걸 왜 나한테 말해? 혼자만 알고 있을 수는 없었어?" 쿨하게 들릴 수 있는 이 대사는 대화가 이어지지 않는 갑갑한 형태로 재생산되면서 다른 장면들에서 연쇄반응처럼 반복된다. 거의 모든 장면에서 나탈리는 제대로 된 대화가 아닌 '감정'만을 드러낸다. 나탈리가 'AA'를 준 학생의 과제는 어떤 내용인지 궁금해진다.

정당한 분노 음울한 분노

"평생 날 사랑할 거라더니. 내가 등신이지." "사랑이야 영원히 하지."

'사랑'에 대한 이들의 견해는 '철학'의 통속적 고아함을 떠나 있다. 나탈리는 이혼하면 남편 소유의 바닷가 별장에 더 이상 갈 수 없음을 아쉬워할 뿐이다. 쇼펜하우어를 흠모하는 하인츠는 '나 없이 아이들과 함께 올 줄 알았다'고 하자 나탈리는 정신 차리라며 화를 내고 이 분노 역시 방향을 상실한다.

인간 정신의 부조리는 자신의 사고와 감정을 불신하는 데서 온다. 정당한 분노는 대화의 한 형태나 타이밍을 놓치면 음울하게 찾아드는 자책과도 같은 분노와 마주해야 한다. 하인츠가 별거 중 보낸 꽃을 쓰레기통에 쑤셔 박다가 장미 가시에 찔리고, 꽃을 담았던 일회용 장바구니를 다시 집어 오는가 하면, 잦은 전화로 자신을 괴롭히던 엄마와 통화가 되지 않자 맨발로 진흙을 밟으며 터지지 않는 휴대폰을 들고 비척거리는 나탈리의 모습은 안타깝고 허허롭다.

나탈리 파비앵 하인츠와 철학자들

프랑크푸르트학파의 철학 서적을 비롯해 온갖 서적을 읽어내고 손에서 책을 놓지 못하지만 학교에서 받는 월급과 엄마가 자랑스러워했다는 것을 제외하곤 이 책들이 나탈리에게 어떻게 공헌하는지 알 수가 없다. 눈물을 닦으며 "지적으로 충만한 삶을 살잖아.

그거면 충분해."라고 애써 말할 때조차 나탈리는 눈물의 진정한 의미를 무색하게 한다. 눈을 뜬 채 어딘가로 가는 공허한 시선. 따라서 스승을 위로하는 제자 파비앵(로만 콜린카 분)의 시선도 분산된다.

"여자는 사십 넘으면 쓸모가 없어." "늙은이를 만나? 됐네요." "연하하고 연애를? 내 취향 아니야." 이런 대사들은 파비앵에게, 나탈리는 '교실'이라는 우물 속 개구리이며 스승의 의미가 다 했음을 암시한다. 파비앵의 농장에서 함께 지내며 작업하는 젊은 철학자들의 실천 지성에 합류할 만한 재료나 도구를 나탈리는 가지고 있지 않다. 정말로 '옛날에 다 해봤다'면 파비앵의 친구들이 유머 섞어 철학 논쟁을 벌이는 옆에서 아랑곳하지 않고 방해라도 하듯 판도라(고양이)를 소리쳐 부르지는 않을 것이다.

나탈리의 행동 패턴은 쉼 없는 움직임과 독서, 즉 자기 안에 있지 않고 '밖으로만' 향해 있다. 육체와 정신 모두 어딘가로 향해 가기만 할 뿐, 자신 안에 머무르지 못한다는 얘기다. 어머니의 장례식에서조차 자신의 말이 아닌 『빵세』(B.파스칼)의 구절을 낭독하고, 혼자서 관람하는 영화가 '사랑을 카피하다(Certified Copy)'라는 것도 의미심장하다. 나탈리 내면에 진품과 복제품이 혼재한다.

미아 한센 뢰브 감독은 인간 내면의 부조리와 아이러니를 철학적 통찰을 통해 해결하고 싶어 한다. 철학을 비롯한 인문학에 대한 그의 높은 애정을 존중해서 최선을 다해 '논리적 객관'을 중심축에 장착한 후, 감독의 시선에 동행해볼 수 있다.

지식은 인간을 이롭게 하는가. 어떤 사람에게 지식은 편의점 유통 상품이나 다를 바 없다. 삶에 적용하지 못하고 인간성 발전에도 공헌하지 못한다. 이 영화가 난해한 이유다. 자신의 정신적 상황을 대입해서 해석을 감행하곤 미로를 헤매다 피로해진 관객은 서둘러 결론을 내리고 말 것이다. 그러나 우리 자신 내면의 얼굴을 과감하게 마주 바라본다면 파도 소리나 바람 소리처럼 시원하게 이해되어 들려오기도 한다.

다가오는 희망과 평화

한밤중 파비앵의 농장에서 야행성 동물인 고양이 판도라를 소리쳐 부르는 목소리와 구석에서 모닥불이 작은 빛을 발하며 타고 있는 씬은 이 영화의 미장센 중 압권이다. 나탈리 삶의 많은 부분이 어둠에 묻혀 있지만 인지하지 못한다는 것. 그러나 나탈리의 본능은 희망을 갈구하고 있는 걸까?

끌로에가 출산한 병원에서 하인츠를 몰아내고 딸에게 자신의 감정에 대한 공감까지 강요함으로써 산모인 딸을 울게 하고, 크리스마스를 가족과 보내기 위해 찾아와 눈치 보고 있는 하인츠를 아이들 오기 전에 가라며 쫓아내는 장면은 끝내 불편하다. 파비앵이 판도라를 입양하고 관객에게 희망을 안겨주는 실천적 인물로 자리매김하는 것과 대조를 이룬다. "딥 피스(Deep Peace)"의 선율과 함께 이상주의자 파비앵은 숲으로, 나탈리는 도시의 불빛 속으로 돌아간다. 지식과 그것의 창의적 실천에서 오는 개인의 미래는 생각과 행동의 응보로 피할 수 없이 '다가오는 것들'이다.

2023년 3월, 여성신문

03
여덟 개의 산
The Eight Mountains

ⓒ 김미영

삶과 꿈의 분리에서 오는 불안

허공의 뜬구름

 유튜브를 보고 있노라면 전원주택을 짓고 살다 빈 집으로 남겨두고 떠난 사람들의 이야기로 시작해서 도시냐 시골이냐 편 가르며 주의 주장을 펼치는 댓글로 마무리되는 걸 본다. 인생관을 구체화하는 취향과 능력의 문제이건만 내 삶이 더 멋지다고 공감해주는 백만 원군이 이해와 공허를 동시에 몰고 오는 이유는 뭘까.
 한글을 막 뗐을 때 시작된 소설가를 향한 꿈이 누군가의 눈에는 허공의 뜬구름이던 때가 있었다. 어떤 개인에게는 생애 내내 생존의 문제로 진화하는, 지지받지 못한 어린 꿈은 양분 결핍으로 성장이 늦어지기도 한다. 어린 아들과 함께 산을 오르며 '오늘은 내가 이끌지만 다음엔 이 아이가 나를 이끌겠지.' 꿈을 꾸던 아버지가 아들이 성인이 되는 길목에서 '꿈꿀 시간은 차고 넘치게 많다'며 미래를 향한 선택을 가로막는다. 아버지의 꿈이 무엇이었든 꿈은 점차 희미해지며 '꿈으로 끝나는' 신기루일까.

© 김미영

관계의 등고선

영화 〈여덟 개의 산 The Eight Mountains〉은 이탈리아의 작은 마을 그라나를 비스듬히 내려다본 장면으로 시작된다. 멀리 정면으로 보이는 산의 장엄에 기대어 앉은 형상이다. 피에트로(루카 마리넬리 분)의 아버지 죠반니(필리포 티미 분)는 토리노 굴지 대기업의 엔지니어로 여름이면 이 마을의 집을 빌려 가족을 데려다 놓고 주말에만 와서 함께 지내다 가곤 한다. 11살 피에트로는 마을의 유일한 아이인 동갑내기 브루노(알렉산드로 보르기 분)와 함께 뛰어다니며 친구가 된다.

부모의 보호를 받지 못하고 삼촌 집에 얹혀살지만 일찌감치 어른의 일을 해내면서 삶을 터득하고 있는 부르노와 안정적인 부모의 보호를 받으며 도시에서 자랐으나 아버지처럼 산을 좋아하는 피에트로는 서로가 동경의 대상이다. 빙하가 움직이는 이유에서부터 치즈 만드는 방법, 물레방아를 이용한 자가발전 등 삶의 지식을 통달하고 있는 부르노는 항상 죠반니 부자의 등반에 동행하는데 이 부자가 불편한 관계가 되어 만나지 못하는 15년 동안 관계의 공백을 메우고 지키는 역할을 한다.

죠반니와 피에트로의 산행 장면에서 연속 대비되는 산의 경사도가 그들 미래의 복선으로 배경처럼 제시된다. '가까울수록 가파르고 멀면 완만하다.' 죠반니가 피에트로에게 등고선의 간격과 산의 경사도를 설명하는 장면은 부자 관계의 시적 복선이면서 부르노와의 관계를 이야기한다. 동시에 폭력적인 아버지를 가진 부르노의 경우에도 적용되는 불편한 관계의 등고선이다. 부르노의 영리함을 알아본 죠반니 부부는 토리노로 데려가 학교 교육을 받도록 도와

주려 하지만 아버지의 손에 공장으로 끌려가 버린다.

유일함의 메타포

친구로 삼고 싶은 사람이 있고 이미 친구인 사람이 있다. 마을의 '유일한 아이'인 브루노에게 피에트로는 처음 만난 순간부터 '유일한' 친구다. '공감각적 심상'으로 움직이는 브루노에게 피에트로는 꿈이며 산을 좋아하는 피에트로와 사람이 없는 높은 산에서 살고 싶은 죠반니에게 브루노는 친구이며 개인이 희구하는 삶의 진수로 유일하게 위치한다.

부르노가 '돌'을 의미하는 '베리오'라는 별명으로 피에트로를 부르는 장면은 얼핏 영화 〈콜 미 바이 유어 네임 Call Me by Your Name〉을 연상시킨다. 숲속의 반석(피에트로)처럼 그곳을 지키는 인물은 부르노지만 피에트로 역시 돌(베리오)이길 바라는 것이다. 숲속에서 두 소년이 들어 올리려고 하는 돌의 형상을 눈여겨보면 좋다. 누군가 거대한 돌덩이를 모양 좋게 조각한 것인데 그곳에 영원히 위치할 물건이다. 이 돌은 내면이 들여다보이고 영혼의 연결이 감지되는 '친구'라는 말의 메타포로 사용된다. '보편에의 정착'을 의미하는 '짝'이 생겼음을 언급하며 '내년에는 안 올지도 모른다'는 피에트로의 말에 미소 짓고 돌아가는 부르노의 몸이 나무 문틀에 가려져 반쪽이 된다. 그 모습을 지켜보는 피에트로의 우측으로 보이는 돌 문틀의 미장센이 절묘하다.

피에트로는 낙엽수만 있는 곳에서 잘 자라고 있는, 자신이 옮겨 심은 소나무에게 모자를 씌워, 죠반니의 꿈에 동행한 부르노의 우정을 지키는 파수꾼으로 남겨두고 떠난다. 상대의 말에 귀 기울이고 공감대의 폭이 깊고 넓을 때 우정과 사랑은 수평의 무게를 갖는다.

삶과 꿈의 분리

 자신의 생각에 확신이 있는데 상대방은 말에 모순이 있고 행위와도 일치하지 않는다면 상대의 눈을 똑바로 응시하며 말해야 할 것이다. 피에트로는 적성이 아닌 진로를 강요하는 아버지에게 분명한 눈빛과 어조로 말한다. "인생을 내팽개치고 있는 사람은 아버지입니다. 아버지처럼은 되지 않을 겁니다." 산을 그리워하면서도 도시를 떠나지 못한 죠반니는 도로 한복판에서 심 정지된 상태로 발견된다. 실존의 무게를 감당해야만 선택은 개인의 권리로 승화될 수 있다.
 피에트로가 죠반니와 만나지 않고 지낸 시간 동안 부르노가 죠반니의 곁을 지켰다는 것을 알게 된 피에트로는 묘한 질투를 느끼지만 이내 죠반니의 한계와 고독을 읽어낸다. 산비탈에 집을 지어 달라는 죠반니의 부탁의 의미를 알고 있는 부르노는 피에트로를 설득하고 함께 집을 짓는다. 이 부분의 진부한 신파적 요소는 옥의 티다. 달리 표현됐더라면 완성도가 올라가, 같은 해 황금종려상의 주인공은 이 영화가 되지 않았을까 싶다.
 삶은 삶이고 꿈은 꿈인가. 삶은 꿈을 밀어내야만 존재하는 것인가. "바람이 부네. 아름다운 날이다." 죠반니가 부탁한 집이 완성되기까지 피에트로와 함께한 시간으로 부르노는 행복에 젖는다.

"그럼 나쁜 날은 언제야?" 명백한 기쁨에도 불구하고 피에트로에게는 삶과 꿈이 분리돼 있다. 삶과 죽음에 대해 확신에 찬 말을 가볍게 하는 부르노와는 달리 피에트로와 친구들은 '자연'을 생활과 분리하고 산봉우리마다 다른 이름을 붙이는 등 '생각이 추상적이니 말도 추상적'이다.

수직과 수평, 관조의 눈

부르노와 죠반니, 피에트로의 모습을 통해 괴테가 간파한, 상상력과 현실, 시와 산문의 '수직', '수평'적 사고를 본다. 아내 라라와 아이를 떠나보내고 홀로 남은 산에서 스키를 타며 지르는 부르노의 환호성도 피에트로에게는 '낯선 영향력'이다. 미술관에 걸린 어떤 그림 앞에서 얼어붙은 듯 멈춰 서는 순간과 유사하다. 살아 있는 자만이 꿈을 꿀 수 있고 홀로 선 자만이 남을 도울 수 있다.(괴테, 『이탈리아 여행』)

여덟 개의 산은 피에트로의 눈이 관조하는 세상의 산문적 메타포다. 네팔에서 학교를 운영하는 아스미(수락시아 판타 분)에게 돌아가는 엔딩 씬으로 평화를 찾았기를 관객은 희망하게 될 것이다. 닐 다이아몬드가 부르는 '드림 Dream'이 엔딩곡으로 어울릴 것 같다. 꿈을 꾸라, 그래도 되니까⋯. Dream, for we may dream⋯.

04
경아의 딸
Gyeong-ah's Daughter

© 박귀임

엄마와 딸, 부모와 자녀, 동시대인이 되다

오래된 진행형의 과오들
영화 <피고인 The Accused>을 소환하다

작년 한 해 여성, 엄마를 침묵하게 했던 영화 〈경아의 딸〉. 연수(하윤경 분)의 '성관계 동영상 유포'라는 사건은 얼굴 없는 다수의 눈에 유린당하는 한 여성의 절망적 공포를 절제된 현실감 속에서 표현한다. 가장 가까운 여성으로 당연한 '엄마'는 과연 '가까운가'를 묻는 다양한 대사들도 이 작품을 문제작으로 만든다.

〈경아의 딸〉은 1988년 문제작이었던 영화 〈피고인 The Accused〉을 소환한다. "야한 차림으로 남자들을 성적으로 유혹했나요?" "술을 마셨나요?" 술집 오락실에서 윤간당한 세라(조디 포스터 분)에게 쏟아지는 검사의 질문은 본질을 벗어나 여성의 정숙 문제로 사건의 프레임이 바뀔 위기에 놓인다. 경아(김정영 분)가 휴대폰을 집어던지며 소리 지르는 장면과 오버랩된다. "도대체 이런 건 왜 찍어?"

원제인 〈The Accused〉를 번역해보면 〈기소된 사람들〉이다. 범행의 당사자들뿐 아니라 세라가 윤간당하는 현장에서 환호하며 '범죄를 부추기던 구경꾼들' 모두 유죄 판결을 받고 열흘간 구류에 처해진다. 이 장면이 묵직한 감동을 끌어낸다. 이태원 참사 현장에서 사진 찍기에 몰두한, 인간이기를 거부하는 평범한 얼굴들 또한 이들을 닮아 있다.

숨기지 않아도 보이지 않는 대사들

과장하지 않고 멋지지도 않은 일상적인 말들이 영화의 대사가 되어 등장하니 관객은 당혹스럽고 꺼림칙하다. "긴 게 더 예쁜데." 커트한 머리를 흔들며 엄마의 반응을 기대하는 연수를 무시한 채 경아는 자신의 선호만을 말한다. 엄마인 경아는 딸 연수의 신체에 대한 통제권을 확신하는 듯하다. "너 머리 또 잘랐니?" 핀잔이 묻어 있는 엄마의 손길은 연수에게는 타인이 함부로 신체를 건드리며 조롱하는 모욕이 된다. "선생 옷차림이 이게 뭐니?" 신체의 아름다움을 노출하고 스스로 자신의 아름다움을 즐기는 것은 규범을 벗어난 것인가? 타인이 원하는 내가 되기 위해 '되고 싶은 나'를 포기해야 하는가? 애정으로 포장한 월권은 건강한 자녀의 반항을 부르고 반항하지 못하는 자녀는 자력이 쇠퇴한다. 이로써 행복의 조건에 대한 감각이 손상될 우려가 있다.

독립 존재인 동시대인들
'내 탓'은 사과와 보상을 요한다

　여성을 질타하고 억압하는 사회적 기제들은 클리셰일 뿐이다. 그런데 이 진부함은 익숙함에 편승해 편안함을 준다. "그래, 내가 너를 잘못 키웠어. 내 탓이다." 경아의 이 말은 진심이 아닌 일시적 자리 모면의 나약함인데 '내 탓'이 요하는 사과와 보상을 준비하지 않고서 쉽게 언급해서는 안 된다는 것을 경아는 알지 못한다. 남편의 가스라이팅과 폭력을 벗어날 방법을 모른 채 연민과 경제적 이유라는 보편적 인간사 안에서 체념하며 살아온 것으로 보인다. 실행할 수 없다면 모르는 일이다.
　교사로 취업하고 독립한 연수에게는 새로운 삶의 가능성이 있다. 엄마와 딸(부모와 자녀)은 20년에서 30년 정도의 시차를 두고 시공간에 등장한 생명체인 동시대인이다. 종속을 강요하고 참견이 정당한 관계가 아니다. 연수가 경아에게서 정신적으로 독립해 있는 반면 '딸 자랑과 잔소리'의 이중언어로 연수에게 의존하는 경아에게서 흔한 엄마의 모습을 본다.

내면을 보는 여성
여성을 돕는 여성들

　자기 내면을 들여다보는 여성은 강하다. 연수는 같은 여성인 엄마의 힐난을 비롯한 디지털 공간 속 익명의 존재, 친구라고 할 수 없는 친구들의 비웃음과 조롱에 휘둘리지 않도록 자신 안에 침잠

하라는 내면의 소리를 듣고 있다. '쑥맥'에 포함된 '무지'의 미화, 혹은 환상의 '구걸'이 갖는 안일함, 성적 '표현'에 솔직한 여성을 '걸레'로 던지는 폭력성이 경아의 경험치가 돼 연수에게 전이되려는 찰나. 감독은 여성 내면의 현실에 접근, 독소를 걷어내고 긴장의 끈을 붙잡아 생존을 향해 가라고 외친다. 계속 나아가길 독려하며 동행하자고 손짓하는 상순(이채경 분)과 동료 교사는 여성에게 덧씌워진 편견을 걷어내고 '여성의 삶을 돕는 건 결국 여성'이라는 고래의 진실을 드러낸다.

관객은 심리적 데자뷰와 함께 경아와 연수 사이를 오가며 각각 독립 개체로 분리한다. 경아의 삶, 연수의 삶은 독립돼 있으면서 존중을 기반으로 소통하는 동시대인의 삶이어야 하기 때문이다. 연수의 건강한 자의식은 엄마 경아의 자각을 향한 내면의 깃발을 휘날리게 하고 연수의 부서진 노트북을 수리하는 진정한 엄마로 살려낸다. 동시에 이름 없는(untitled) 파일이 경아의 손으로 열리는 것은 딸의 실존을 떠받치는 실천적 모성의 은유다.

경아와 연수, 그리고 연수가 지도하는 학생인 하나를 통해 과거와 현재, 미래의 여성을 본다. 막연한 자책이 아니라 기억을 분석하고 책임지는 해결안을 모색하고 후회에 대한 상상력을 발휘하며 나아간다. 디지털 테크놀로지가 융성한 시대의 가해자들은 기소하기 어려운 투명 인간이다. 그 때문에 감독의 시선이 응징을 넘어 피해자들의 삶의 지속의 문제에 역점을 두고 미래를 원한다면 변화가 보이는 길로 '건너가라'고 말한다.

어리석은 자 악을 선택한 자

상현은 연수를 구경꾼들의 먹이로 던진 인물이라는 점에서 악인이다. 그저 못난이, 찌질이 정도로 연민을 얹어 봐줄 일은 아니다. 성인은 '자기 일은 자기가 해결해야 한다.' "내가 너무 힘들 것 같아." 상현 모의 말처럼 독립 존재의 일은 타인(부모)에겐 그저 보고 있기도 힘든 일일 뿐이다.

욕망과 갈등 앞에서 윈윈(win-win)하는 '선'의 길은 고독한 인내의 과정이 필요해서 쉽지 않으나 쉬운 길을 택하더라도 딱히 자신에게 득이 되는 게 아닌 걸 택하는 어리석음, 자기 내면을 볼 수 없는 나약함은 '악'을 택하는 선행조건이다. 선과 악은 문을 열고 마주 보는 우리 내면의 두 방과 같다. 우리 안의 폭력성이 활성화될 때를 인지하고 처리해 내는 훈련이 필요하다.

2023년 2월, 여성신문

05
페인티드 베일
The Painted Veil

ⓒ 박정인

과학적 발견으로서 사랑의 세계

© 박정인

"일주일 후면 시들 것을 알지만 그래도 예쁘지 않은가."

"장점 때문에 사랑하는 게 아니다."

우리는 알고 있을까. 안다면 해결점과도 연결되는 건 아닐까. 알게 만드는 힘만이 지속을 보장하는 건 아닐까. 우수한 독자와 관객은 자율학습을 좋아한다. 찾아내서 신나고 즐거워 또 도전한다.

한여름의 들판, 멀리 들리는 천둥소리. 분리돼 놓인 짐가방과 각자 다른 곳을 보고 있는, 두 남녀(부부로 보이는). 그들이 향한 두 방향의 각도. 둘 사이의 정적과 주변 초록의 생동감. 현재 시점의 이 풍경이 관객을 끌어당겨 서둘러 이야기를 들려준다.

1920년대 런던, 상하이, 메이탄푸(실제는 계림의 산야와 이강). 키티(나오미 와츠 분)의 집 파티에 온 월터(에드워드 노튼 분)는 처음 본 키티에게 반하고 다음날 키티의 집을 방문했을 때 곧바로 청혼한다. 두 번 모두 키티 아버지의 초대였으므로 검증 마친 사윗감인 월터의 청혼은 수줍음 속에서도 활기와 자신감에 차 있고 어머니가 빨리 결혼

시켜 내보내고 싶어 한다는 것을 알고 있는 키티는 청혼을 받아들인다. 딸의 혼사를 둘러싼 동서고금의 클리셰를 향한 모옴의 시선은 냉혹하고 다수의 여성 관객은 가슴이 아린 가운데, 두 남녀의 자유연애 장면이 소실된 시작으로, 결혼해서 잘 살았다는 얘기는 분명 아니다.

W. S. 모옴의 동명 소설 『인생의 베일』을 원작으로 하는 영화 〈패인티드 베일〉. 2006년 처음 상영됐을 때의 긴 여운 때문에 디비디를 사두었는데 이제 그 이유가 정리된다.

과학이 '발견'이면 사랑은 '관찰'

이성을 감정의 반어로만 사용할 생각이 아니라면 월터와 키티의 관계 회복에도 적용해볼 수 있다. 월터가 현미경 렌즈 속에서 뭔가를 발견하듯 키티를 '발견'하고 사랑에 빠지는 것은 미술관을 거닐다 어떤 작품 앞에서 발을 멈추는 행위를 닮아 있다. 그러나 이 발견은 지속적 후속 행위로 이어지지 않고 결혼을 행복의 충분조건으로 단순 규정하면서 두 사람은 준비 없는 '모험'으로 빨려든다.

남녀관계에서 통상 둘 중 한 사람의 끌림이 더 강하고 그것을 '사랑'이라고 느끼는 쪽이 관계의 리더가 되어 힘을 행사하는데, 리더라고 해서 완전할 수 없고 문제에서 벗어나 있지도 않다는 것이 스토리의 중심에 정직하게 위치한다. 이 정직함이 월터의 고뇌에 녹아들어 관객을 뒤따르게 한다. 모옴의 소설에서 자주 보이는 '무겁지도 가볍지도 않은' 남녀관계에 대한 통찰이, 두 주연배우의 캐릭터 소화력과 아편전쟁 이후 영국인에 대한 중국인의 적대 감정이라는 역사적 배경, 웅대한 자연의 미장센과 합쳐져 애절한 사랑의 이야기로만 보기 어려운 감정의 묵직한 여운을 만든다.

삶 사랑 의무

 젠틀하고 유능할 뿐 아니라 수줍어하면서도 서슴없이 감정을 표현하는 세균학자 월터. 현재 일하고 있는 정부 실험실이 있는 중국으로 가야 한다는 것과 키티 아버지와 이미 나눈 이야기가 있다는 것이 다소 급해 보이는 청혼의 개연성으로 준비돼 있다. 키티의 외모와 그녀 아버지의 인정이 무조건의 이끌림에 이유가 된다는데 어느 정도 공감하긴 해도 월터가 사랑을 확신하기에는 불안정한 요소인 가운데, 이러한 선택을 처리해내는 월터의 방식이 영화 전체를 힘 있게 쥐고 대사에 집중하게 한다.
 '언제까지 아버지가 먹여 살려야 하느냐'는 어머니의 모욕적인 대사를 묵인하는 아버지에게서 키티는 이제 다른 보호자에게로 옮겨간다. 꽃 한 송이 살 경제적 능력이 없는 키티에게 결혼 조건으로서의 사랑은 자신이 누릴 권리가 아니며 무엇 하나 결정할 능력 또한 준비돼 있지 않다. 성인의 권리는 경제적 독립으로 생기고 선택의 무게를 감당해야 하는 '실존적 삶'의 인지 능력은 자아확립에서 오기 때문이다. 키티는 모든 것을 타인에게 의존할 수밖에 없고 의존은 '위태로운 휘둘림'을 의미한다.
 월터와 함께 걷는 씬에서의 무심함, 피아노에 관해 이야기할 때의 첫 동문서답, 상하이 부영사 찰리(리브 슈라이버 분)와의 베드 씬에서 들리는 두 번째 동문서답, 월터를 향한 투정과 빈정거림,

비 오는 날의 언쟁 씬으로 이어지는 '결핍의 대화'에서 진즉부터 의아한 모옴의 시선 속 '여성'이 본격적으로 궁금해진다.

찰리와의 부정한 관계를 알게 된 월터. 콜레라가 창궐하고 있는 메이탄푸로 '왜 내가 함께 가야 하느냐'는 키티의 저항에, 이미 결혼의 필수 요소인 사랑이나 의무가 사라져버린 상황에서 월터는 뜬금없는 '내조(cheer and comfort me)'를 아내의 의무로 제시한다. 실천의 동기유발 요소인 '꽃(사랑)'이 없는 상황에서 사랑의 실천적 진수가 묻어 있는 평범한 대사가 뒤늦게 월터의 입을 통해 나온 것이다.

성장, 두 개의 팽이

'없는 것'은 찾을 수 없다. 세균학자인 월터의 현미경으로 비유되는 '눈'(몸과 마음의 양면적)으로 '있는 것'을 '발견'했다면 자신의 욕구를 해결하게 하는 것은 후속 행위들, 즉 독립된 두 개체의 상호 작용을 가능케 하는 도구인 '대화 능력'과 대화를 위한 물리적 '시간'의 투자다. 자신이 갖지 못한 것을 갈망하는 것을 '사랑'이라고 명명하려는 것이 '자유'에 속한다면 막을 길은 없고 사랑의 행위의 으뜸이 '관심의 지속과 표현'이라는 생각에 반대할 사람도 없다.

"피아노는 없어요?"라는 질문에 "나 피아노 안 쳐요."는 적절한 반응이 아니다. "꽃 좋아하세요?" 물었을 때는 "네" "아니오"가 분명한 대답이다. "비가 많이 오네요."라는 말은 대꾸할 필요가 없는 말일까. 관객도 무심한 일상의 대화를 새삼스럽게 점검해보게 된다.

결혼에 기꺼이 발을 내딛은 부부를 자아(구심력)와 배우자와의 교감 능력(원심력)을 버팀목으로 외부의 힘(채찍)을 받아내 도는 두 개의 팽이에 비유해보자. 일에 몰두하는 월터 옆에서 키티가 구심력(자기 가치)을 찾는 것은 누군가의 도움이 필요해 보인다. 이것도 '사랑'이라는 추상성 속에서 찾아지기에 그리도 희구하는 건 아닌가.

병마와 싸우다 죽어가는 사람들을 목도하고 그 속에서 '할 수 있는 모든 것'을 하는 월터를 보게 되고 수녀들이 있는 고아원에서 피아노를 치고 아이들을 돌보며 자아를 찾아 일어서는, 월터가 만나는 '새로운 키티'는 그래서 제법 설득력을 얻는다. 그러나 위인전이 아닌 영화 속에서 월터의 캐릭터가 어려운 이유는 자기 가치를 알기 위해 타인의 인정보다는 자신의 인정이 선행돼야 한다고 집요하게 말하고 있기 때문이다.

사랑할 수 있을 때

'제2의 보호자'라는 지위를 획득하는 배우자로 인해 수정, 형성되기도 하는 건강한 자아와 타인에 대한 공감 능력을 확장하면서 밀려들 평범한 '행복'은 두 주체의 권리이며 살아가는 동안 자신에 대한 예의이며 의무다. 사랑할 수 있을 때 늦더라도 기회를 놓치지 말 것.

키티의 바람개비에서 거대한 물레방아로 바뀌는 장면을 만들 줄 알았던 그는 누구인가. 모옴의 심리 분석을 여과해서 재배치하는 존 커렌 감독의 시선이 경쾌하다. 열렬하고 우수한 독자다.

2022년 10월, 여성신문

06
피아니스트의 전설
The Legend of 1900

ⓒ 이진범

존재론적 안정과 상상력의 메타포

원피스를 입을까, 수트를 입을까

문상을 가야 하는데 옷장을 들여다보며 갈등한다. 오래전 검정 여름 원피스를 마련해 걸어뒀지만 갑작스런 욕망이 단순한 삶을 방해하는데 다들 결정 장애를 겪는다는 말에 시원해지지도 않는다. 다양성이라는 개념에 너그러워지긴 해도 선택의 기로가 상존하니, 주위 세계는 무엇에나 깔끔한 이분법이 적용되는 게 분명하다. 욕망이 기꺼이 세분된 생각을 받아들이고 고통의 바다를 헤엄치는 것도 감내하게 하는데 그 물속에 빠져 있으니, 객관은 여전히 어렵다. 같은 일을 놓고 고민과 선택을 반복하지 않으려면 차갑고 '슬픈' 객관이 필요해 보인다. 친구를 구하지 못하고 울면서 계단을 올라가는 맥스에게 들려주는 나인틴 헌드레드의 마지막 이야기에 처연한 유머의 정수가 있다.

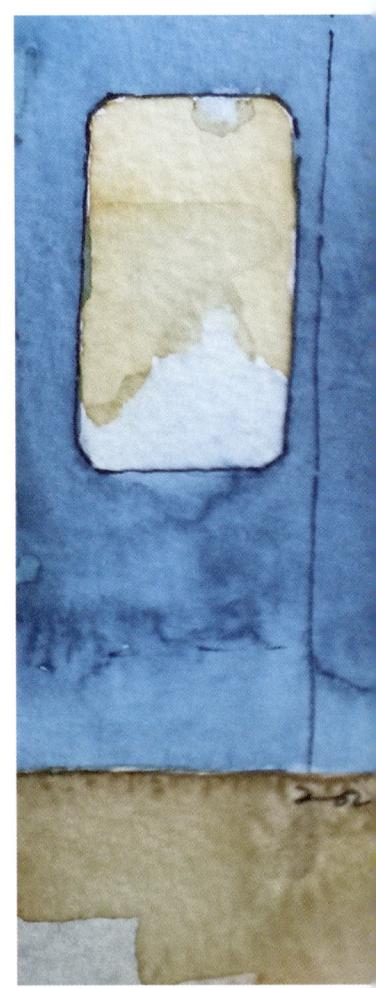

배멀미

'떠 있는 도시(배)를 떠난 것이 잘한 일이었을까.' 높은 계단 중간쯤이라는 미장센 속에서 트럼펫을 어루만지는 맥스 투니(프루잇 테일러 빈스 분)의 나레이션을 들으며 관객도 각자의 인생을 사유하기 시작한다. 영화〈피아니스트의 전설 The Legend of 1900〉의 천재 피아니스트 나인틴 헌드레드(Nineteen Hundred, 팀 로스 분, 이후 NH)는 거대한 여객선 버지니아 호에서 태어나 배에서 살다가 약 45세쯤 배와 함께 사라진다. 알레산드로 바리코(Alessandro Baricco) 원작인 독백체 희곡『노베첸토 Novecento』를 읽으면서 피아노의 선율을 듣고 주세페 토르나토레 감독의 영화를 보면서는 음악 시를 읽는 듯한 진기한 경험을 한다.

NH(27세)와 맥스(24세)는 승객 2천 명을 태우고 한 해 여섯 차례 유럽과 아메리카를 오가는 여객선 버지니아 호에서 만난다. 풍랑 속에서 배멀미하던 맥스를 향해 연주복 차림의 안정된 걸음으로 다가온 NH는 피아노 의자에 태우고 연주를 들려주며 '멋진 경험'의 멀미약을 선사하며 둘은 친구가 된다. 12년 만에 폐여객선에서 재회하는 마지막 장면에서도 NH는 이 첫 만남의 대사를 말한다. "배멀미하나?" 자네의 인생은 아직도 흔들리고 있나? 트럼펫을 팔아버리고 삶이 역사가 돼버린 맥스는 NH의 안타까운 시선과 마주한다. '자네가 걸어들어오는 걸 보고 난 기쁨과 작별했어.' NH의 직관 앞에서는 어떤 장식의 말도 효력이 없다. 친구란 이런 존재를 말할 것이다. 맥스의 눈물은 누구를 위한 것일까.

대니 부드맨 티 디 레몬 나인틴 헌드레드(Danny Budman T. D. Lemon Nineteen Hundred)라는 길다란 이름에는 대니 부드맨이 레몬 상자에서 1900년에 발견해서 키운 아이라는 주인공이 '실존'한다. 이름이 불릴 때마다 자신을 객관할 수 있는 상황이 설정돼 있는 NH는 배의 밑바닥에서 일하는 석탄부의 손에 자랐고 바로 그곳에서 죽음을 선택한다. 그에게 삶은 '현재'이며 역사일 수 없다. '난 언제나 돌아간다.(I always go back.)' 계약을 깰 수는 없다는 음반 제작자에게 NH가 던지는 이 말은 숱한 경우의 복선이면서 생과 소멸의 은유이기도 하다.

흔들리는 세상에서 꼿꼿하게 걷는 것과 움직이지도 않는 세상에서 끝없이 멀미하는 것에는 어떤 차이가 있는가. 이야기를 들려줄 사람, 말을 이해하고 즐거움을 공유하는 동반자만 있다면 '가능성 있는 삶'이라는 게 NH의 생각이다. "내가 불행할 거라고 생각하지 마. 절대 그런 일은 없어." 세계적인 인물들을 포함해서 NH의 선실에 붙어 있는 사진 속 사람들도 NH에게 하선을 권했을 것이라는 추측은 어렵지 않다. 그러나 그의 마음을 움직인 사람은 NH의 고독에 대해 '운이 좋다(lucky)'고 말하던 이탈리아 출신의 초라한 농부다. 평생 바다만 보고 살아온 그에게 '바다의 소리'에 대한 농부의 말이 객관에 대한 새로운 '체험'의 숙제를 남긴다.

존재론적 안정과 상상력의 메타포

재즈 피아니스트 젤리 롤 모턴(클래런스 윌리암스 3세 분)의 도전을 받은 NH는 군중의 외침에서 위기를 느끼고 사력을 다한 연주로 자신의 삶을 지킨다. 그는 이런 도전과 베틀을 어리석고 의미 없는 전쟁의 축소판으로 해석했을 것이다. 맥스는 NH가 뛰어난 학습 능력, 직관력, 상상력을 지녔다는 것은 알지만 '의식을 팽창시키는 통찰력'에 대해서는 이해하지 못한다. 도처에 보이지 않는 것들이 있음을 보고 내려가던 계단을 다시 올라가는 NH는 단순한 두려움이 아니라 두려움의 대상을 적극적으로 바라보는 존재론적 안정(ontological stability)을 획득한 인간으로 보인다. 따라서 '보이지 않는 것들이 지닌 무의미'를 쫓을 수가 없는 것이다.

뛰어난 상상력의 소유자인 NH는 '보지 못한 것(모든 것의 끝)', 즉 자신의 상상력이 미치지 못하는 세계를 향해 가는 것을 거부한다. 확신에 차서 음반을 들고 쫓아가지만 무심한 볼 키스를 남기고 군중에 떠밀려가는 여인을 붙잡지 않는 이유다. 관객은 아쉽지만 오차 없는 사랑에는 군중(외력)을 이기는 양방향 동일 주파수가 필요하다는 것도 알고 있다. "육지로 날 찾아올 거지?" 진실을 묻는 NH에게 맥스는 타성으로 대답하고 NH는 맥스가 친구로 있는 '현재'에 머물기를 택한다. 일 년 후 맥스는 유유히(guaranteed) 배를 떠나지만 전쟁을 겪으면서 황폐해지고 트럼펫을 팔아 끼니를 이어야 할 형편에 이른다.

수백 톤 다이너마이트가 설치된 배의 밑바닥에 숨은 NH에게 맥스는 이미 '스쳐 지나간' 과거의 친구다. 데리고 나가려는 이유, 친구의 도움으로 자신의 인생을 살리려는 가장 정당한 이유도 NH는 알고 있다. 그러나 트럼펫을 갖고 있지 않은 맥스는 NH가 오래전에 본 '우정의 끝'을 보는 눈도, NH를 배에서 내리도록 설득할 힘도 없다는 것을 알지 못한다. "자네는 평범한 사람이야. 익숙해져야 해. 용서하게, 친구." 마지막 우정의 대사는 첨예하나 처연한 유머만큼이나 슬프고 뜨겁다.

2023년 9월, 여성신문

맨체스터 바이 더 씨 Manchester by the Sea

더 리더 : 책 읽어주는 남자 The Reader

슬픔의 삼각형 The Triangle of Sadness

오마주 Hommage

사랑하는 당신에게 The Last Dance

가장 따뜻한 색, 블루 Blue is the Warmest Colour

위기

07
맨체스터 바이 더 씨
Manchester by the Sea

ⓒ 정성모

느린 속도로 그려낸
건강한 인간의 자기 치유 능력

ⓒ 정성모

안전망을 잊은 게 죄는 아니지요.
이러고 끝이라고요?

혼자 곱씹다 이불킥하는 정도를 넘어 아는 사람 없어도 생각할수록 수치심이 올라와 두고두고 화가 치미는 일이 있고 심하게는 도저히 자신을 용서할 수 없어서 범법자로서의 법 처벌이 마음 편한 경우도 있다. 영화 '맨체스터 바이 더 씨'의 리 챈들러(케이시 애플렉 분)가 보여주는 선량한 인간의 복잡한 표정이 관객을 끌고 가는 이유다. 영화의 제목이면서 미국 매사추세츠주에 실재하는 작은 도시 맨체스터바이더씨(Manchester-by-the-Sea)는 '갯마을' 정도이니 특별하지 않으나 그래서 문득 보편성과 함께 무수히 지나치는 사소함을 돌아보게 한다.

보스턴에서 건물 관리 일을 하며 홀로 사는 리는 형이 입원했다는 소식을 듣고 늘 그랬듯이 조카를 돌보기 위해 차를 몰고 간다. 형 조셉이 운전하는 배 위에서 11살 조카 패트릭과 장난스레 나누는 회상 속의 대화는 이 세상의 것이 아닌 듯한 평화, '순수한 행복'의 기억이다. 여기에 어울리지 않는 느닷없는 불행은 무심하게 펼쳐진 바다만큼이나 비현실적이고 불합리하게 보이니 인간과 세계 사이의 부조리로나 해석이 가능할 것이다.

사소한 허술함의 치명적 결과

"목성은 안 보여, 바보야." 랜디(미셸 윌리암스 분)의 대사는 쉽게 깨닫기 어려운 복선이다. 밤하늘에 떠 있는 게 목성이건 달이건 대충 알거나 말해도 그것이 우리 삶에 유해한 결과를 낳진 않는다. 그러나 벽난로의 불을 지피고 안전망 설치를 잊은 채 새벽 두 시에 취한 몸으로 걸어서 20분 걸리는 곳으로 술을 사러 가는 행위는 명백히 유해하다. 의도와 소망이 정당하다 해서 자연 혹은 세계가 의식의 허술함을 감싸주진 않을 것이기 때문이다. 그러나 마트 봉지를 안고 있는 리의 모습은 상황에 대한 '항의와 수치심'의 모순을 표현한다. 집이 불타고 있는 것을 발견하고 달려갈 때, 소방대원이 아이들의 시신을 들고 나오는 것을 보고 주저앉았다 일어설 때 리가 안고 있는 마트 봉지(젖먹이 아들의 기저귀가 들어 있는)는 관객을 의아하게 한다. 경찰서에서 진술한 바에 따르면 봉지 아래쪽 보이지 않는 곳에 맥주가 들어 있을 이 절묘한 장치는 그저 순수한 행복을 추구했을 뿐인 상황에서 발생한 치명적 결과에 항의하면서 동시에 리의 심연에 자리 잡게 될 깊은 수치심을 설명한다.

음주 운전으로 숱한 인명이 느닷없이 희생되고 간접흡연으로 인해 비흡연자가 어이없이 죽어가는 '눈에 보이지 않는 살인'은 새로운 일이 아니다. '평범한' 인간의 결함이 자신 혹은 타인의 고통의 원인이 되는 일은 흔하다. 따라서 변명하지 못하고 경찰의 총을 집어 든 리에게 동네 사람들(선한 관객)은 침묵한다. 그래서 인간은 선한(소박한) 만큼 악해져야(철저해져야) 하는 걸까.

치유의 속도

형 조셉(카일 챈들러 분)이 조카의 후견인으로 삼촌인 자신을 지정해 놓았다는 것을 알게 된 리는 상황을 해결하기 위한 방법을 찾기 시작한다. 형이 남긴 배를 정리하고 법적 성인이 될 때까지 16세인 패트릭을 맡아줄 사람을 물색하는 과정은 리가 자신의 고통을 조카에게 전이시키지 않으려는 명징한 사고에서 나오는 행동으로 이어진다. 패트릭은 심부전증으로 자주 입원해왔던 아버지의 죽음에 대해 큰 충격 없이 담담한 일상생활을 한다. 리는 그곳에서 계속 살고 싶어하는 패트릭을 위해 일을 처리하면서도 후견인 역할만을 할 수 없기 때문에 이 과정은 극적 사건도 없이 느린 속도로 진행된다. 불쑥불쑥 끼어드는 리의 회상을 통해 타인과 공유할 수 없는 혼자만의 고통이 여전히 진행 중이며 일어설 방법을 찾지 못하는 데서 오는 치유를 향한 현실적 속도는 더딜 수밖에 없다. 후견인 지정은 아들에게 자신을 대신할 최고의 아버지는 삼촌 리임을 알고 있는 조셉이 치유의 방법으로 남긴 굳건한 신뢰와 사랑이다. 이 '위대한 유산'은 리와 패트릭이 공유하고 있는 추억 속에서 받아들여지고 힘을 발휘할 가능성을 본다.

자신의 실수로 난 화재로 세 남매를 죽게 한 아버지라는 꼬리표는 리에게는 보이지 않고 들리지도 않는 곳에서 따라다닌다. 또한 범죄가 아닌 실수로 판명되자 충동적으로 경찰의 권총을 뽑아 자기 머리를 겨눈 일은 리에 대한 주변인들의 연민과 동정을 얻었을 것이나 정작 자신은 그렇지 못하고 동굴(작고 높은 창이 있는 감옥 같은 방) 같은 곳에서 생활한다. 이후 패트릭을 돌보기 위해 마을이 보이는 곳으로 이사하지만 수치스런 기억에서 벗어나지 못한다.

리가 크게 다친 모습을 본 패트릭은 그제야 조카가 아닌 성인으로서 삼촌의 방에 들어서고 가지런히 놓인 세 아이의 사진을 발견, 한참 응시한다. 삼촌의 고통을 어루만지는 패트릭의 '성장' 지점이며 리에게는 '살아 있는 딸들'의 꿈, 즉 '자기 용서'로 '생존'하는 지점이다.

눈이 녹은 바닷가 풍경의 미장센과 함께 패트릭은 삼촌을 보내기 위해 능동적으로 아버지의 매장을 결정한다. 리는 조셉이 남긴 엽총 네 자루를 팔아 배의 모터를 사고 패트릭이 원하는 삶을 준비하면서도 결정은 패트릭의 몫으로 남김으로써 아버지 역할을 완성한다. 경찰서에서 자신을 죽이는 데 사용할 뻔했던 '총'이 패트릭의 삶을 준비하고 자신의 삶을 부활시키는 도구가 된 것이다. "아빠, 우리 타고 있는 거 안 보여요?" 리의 의식과 무의식 안에서 24시간 죽어 있던 세 남매가 살아 있는 딸이 되어 생시처럼 선명하게 말하는 대사는 고통의 기억이 변환돼 서서히 움직이기 시작하는 치유의 단계이다. 느리더라도 그 진전은 조카 패트릭에게 온전한 아버지가 되는 것으로써만 가능하다는 것을 리와 관객들은 알고 있다.

옥의 티, 영화 속 여성들

바다에서 보는 마을, 마을에서 보는 바다는 무심하게 나란히 공존한다. 자연으로 표상되는 거대한 힘의 존재는 사실상 간섭하거나 영향을 끼치지 않는다. 언제나 그곳에 있을 뿐이다. 배 위에 앉아 품에 안긴 듯 나란히 바다와 함께 있는 주인공의 평화로운 회상과 고통의 오버랩 자체가 지루한 일상과 닮아 있어서 조금은 관객의 인내를 요한다.

발표된 작품은 독립 인격체와 유사하다. 주연배우의 성추행 스캔들 등은 영화와 분리하고자 하는 게 필자의 고집이므로 언급하지 않는다. 그러나 등장하는 여성 인물들(랜디와 엘리스) 모두 착실한 남성과의 재혼으로 새 삶을 이루게 해서 떠나보내는 건 어떤 맥락일까? 이 영화는 절친 제작진, '남자들의 이야기'인가? 보편성으로 가려다가 아쉽게 멈춰서는 지점이다.

2023년 7월 여성신문

08
더 리더 :
책 읽어주는 남자
The Reader

ⓒ 조혜경

ⓒ 조혜경

읽고 묻고 사랑하는 것은
자신에 대한 예의

보고 듣고 읽는다는 것

휴대폰 문자에도 표정이 있어서 위급 상황만 아니면 조용히 오가는 담백한 소통이 꽤 매력적이다. 상대방이 사용하는 어휘와 품사의 위치에 따라 드러나는 마음의 상태를 읽어 음미하면서 적절한 대화를 하게 될 때, '글'이 상상력을 즐기게 하기 때문이다. 면식 없는 사람의 문자 몇 줄도 그 사람에 대한 굵직한 정보를 전달해주기도 한다는 점은 흥미롭다. 베른하르트 슐링크(Bernhard Schlink)의 동명 소설을 원작으로 하는 영화 '더 리더: 책 읽어주는 남자'는 '읽는다'는 말의 함축적 의미를 다양한 방법으로 이야기한다.

영문 원제(The Reader)를 '책 읽어주는 남자'로 번역할 경우 의미가 축소되는 것은 책이나 영화의 전반적 이해에도 영향을 미치기 때문에 제목의 번역부터 제대로 할 필요가 있다. 문학 비평 분야에서 비평(criticism) 대신 읽기(reading)라는 말을 사용한 지는 꽤 오래된 일이다. 일상 용어에서도 '마음을 읽는다', '생각 읽기' 등의 표현이 자연스럽게 사용되고 있어서 읽는다는 말은 인간 간의 소통 자체를 의미한다는 점에서 이 제목은 깊고 광범위한 윤리 문제의 메타포를 담고 있다. 영화, 책, 영화. 이 순서로 시간을 투자해보면 이 작가에게 박경리 문학상(2014년) 수여를 결정한 분들과 스티븐 달드리 감독에게 박수를 보내게 된다.

질문의 시작

아무에게도 마음을 열지 못하는 중년의 마이클 버그(랄프 파인즈 분)는 창밖으로 전차에 앉아 지나가는 소년 시절의 자신과 눈이 마주친다. '그 시절을 생각하면 왜 이리도 슬픈 걸까?' 15세의 마이클(데이빗 크로스 분)은 어느 날 성홍열로 구토를 느끼며 전차에서 내리고 건물의 후미진 곳에서 토하고 만다. 남에게 보이고 싶지 않은 이런 모습을 그 건물에 사는 한나 슈미츠(케이트 윈슬렛 분)가 발견하고는 거침없는 태도로 돌봐준다. 창피해하는 마이클의 표정에 괜찮다고 안심시키며 집까지 바래다준다. 한나는 마이클에게 그 상황에서 꼭 필요한 것을 준 것인데 이 선명한 기억은 '지금 여기'라는 상황에 근거한 한나(36세)의 일관성 있는 행동 패턴을 연달아 회상하게 하면서 동시에 삶과 사랑의 정체성은 '현재를 사는 일', '안전한 현재'에 있음을 확인시킨다. 마이클이 한나를 '고향'으로 인식하는 이유도 여기에 있다.

이 시절 회상에서 '약한 것이 싫었다'는 소년 마이클의 의식은 전염병에 걸린 약한 신체만이 아닌 미성년 상태의 혼란에서 오는 총체적 두려움을 말하기도 한다. 한나가 원하는 대로 온갖 고전들을 읽어주는데 뜻하지 않은 결과로, 마이클은 학교에서 자신감 있는 소년으로 성장해간다. 그러나 문자로 된 것은 어느 것도 읽으려 하지 않는 한나가 문맹일 수 있다는 생각은 하지 못한다. 두 사람이 헤어지고 8년 후, 법과 대학원 세미나 수업으로 참관하게 된 나치 조력자들에 대한 재판정에서 보게 되는데 이때 한나가 문맹임을 깨닫고 경악한다. 그러나 재판정의 어느 누구도 한나가 문맹이라고는 생각지 못하는 가운데 마이클은 소년 시절과 다름없이 한나의 삶에 개입하지 못한다.

2차대전이 끝날 무렵 유태인 수용소 감시원으로 일하던 한나는 호송 도중 문을 열어주지 않아 유태인 삼백 명이 불에 타 죽은 사건의 피고인으로 법정에 서 있다. 유일한 생존자 모녀 중 딸이 저술한 책으로 인해 재판이 벌어진 것. 문맹임을 알리지 못해 승진을 의미하는 사무직을 택할 수 없었던 한나는 20대였던 그때나 마이클이 만났던 30대, 그리고 재판정에 선 40대에도 여전히 문맹의 상태로 있다. 한나는 '문맹'이 낮은 사고력의 한 원인임을 인지하지 못한 채 판사를 향해 질문한다. "판사님이라면 어떻게 했겠습니까?" '질문'의 진정한 의미를 담은 이 질문에 법정 안 사람들의 관심이 판사의 대답에 쏠리지만 판사는 난처해할 뿐 대답을 하지 못한다. 피고인 한나에 대한 정확한 정보를 갖고 있지 못한 변호인 역시 한나를 제대로 변호하지 못한다. 한나를 '리딩'해서 알아내야 할 '비밀스런 관념'의 정보 처리가 이루어지지 않는 것이다.

품위와 자유, 두려움의 처리

당신은 묻지 않아(You never ask). 넌 말하지 않아(You never say). 한나와 마이클의 격렬한 언쟁 장면은 일상에서도 흔한 다툼의 근원적 문제를 설명한다. 대상에 대해 알려 하지 않고 대상에게 나에 관한 정보를 충분히 제공하지 않을 때 일어나는 오해와 불통의 산물은 갈등과 전쟁이다. 언쟁 후에 한나가 읽어달라고 들이미는 『전쟁과 평화』(L. 톨스토이)는 그래서 슬픈 유머의 파토스(pathos)다. 결국 두 사람은 서로에 대해 가장 중요한 것을 알리고 하지 않는다. 질문을 일으키지 못하는 것이나 덮는 것은 두려움이 근원이며 일상에서 흔히 마주하는 일이다.

문맹이라는 게 알려질 게 두려워 보고서의 필체 검증을 피하고 무기징역형을 감수하는 한나의 선택을 마이클은 이해하기 어렵다. 한나를 만나 설득해볼 생각으로 면회를 신청하지만 도중에 발길을 돌리고 만다. 한나의 행위가 '문맹'에서 벗어나려는 노력을 하지 않은 자의 '예기치 못한 범죄'임을 마이클 역시 깨달은 것이다. 또 본인이 직접 말하지 않은 것을 어떻게 먼저 꺼낼 것인지도 방법을 알아내기 어렵다. 그러나 다른 피고인들이 모두 한나에게 책임을 뒤집어씌우는 상황에서 문맹임을 알려 자신을 변호하지 않는 한나를 이해하기 어려워 철학자인 아버지의 조언을 구하면서 고통스런 답을 얻는다. 이 부분은 영화에 나오지 않기 때문에 책을 읽고서야 비로소 이해된다. 대학에서 스피노자를 강의하는 철학자인 아버지와의 대화는 이 소설에서 필자가 읽고 또 읽어도 지루하지 않은 장면이다.

"감형이 되면 더 행복해질 수 있는데…."
"우리는 지금 행복이 아니라 품위와 자유에 대해 이야기하고 있다."
본인이 얘기하지 않는 한 독립된 타인의 삶에 함부로 개입할 수 없는 이유다. 성인은 자유를 행동으로 옮기기 때문에 '내가 그들에게 좋다고 생각하는 것을 그들이 좋다고 생각하는 것보다 우위에 둘 수는 없다.'
아버지와 대화한 후, 마이클은 한나가 문맹이므로 그 보고서를 작성할 수 없음을 판사에게 말하려고 찾아가던 중, 포기하고 돌아선다. 판사가 '당신이라면 어떻게 했겠는가'에 대답했다면 말할 수 있었을까? 법정에서 피고가 판사에게 질문할 수 있는가? 마이클은 그저 후회하지 않기 위해 최선을 다하고 싶었을까? 한나가 복역 중일 때 책 읽은 녹음 테잎을 보내주는 행위도 여기에 해당하는 건가? 뒤늦은 소통을 원해서는 아니었던가? 마이클의 고뇌가 압축되어 표현된 스케치 조각은 감독이 선사하는 장면 중 백미에 해당한다. 한나는 미지의 땅이거나 바다이며 이런 상상과 의문 또한 독자와 관객(더 리더)의 정당한 권리다.

소통의 도구 때늦은 욕망

한나의 자살은 자신만의 '품위와 자유'를 택한 결과의 참혹함에 대한 뒤늦은 깨달음이 스스로 내린 사형이며 궁극의 품위와 자유의 '달성'이라는 아이러니를 보여준다. 과거에는 주고받을 수 있는 동등한 관계였으나 이제 줄 것이 없는 수치 속에서 사랑의 부활에 대한 욕망(편지, 소통)이 고개를 들었으나 이미 늦었다는 깨달음에 절망했을 것이다.

두려움은 자신과 주변에 해를 끼친다. 그래서 한나의 이야기는 개인의 문제로 한정되지 않는다. 두려움으로 인한 편협한 사고가 만드는 범죄라는 관점에서 『죄의 문제』(칼 야스퍼스)라는 개념과 연관해 독일인의 역사적 수치심 혹은 '형체 없는 두려움'에서 벗어나야 한다는 보편적 도덕(morality)의 이야기다.

2023년 8월 여성신문

09

슬픔의 삼각형

The Triangle of Sadness

ⓒ 박정인

이데올로기의 향연 :
생각하는 자의 슬픔

대화와 관계

레이캬비크의 하르파에 가면 화장실에라도 들르고 시실리 타오르미나에 갈 거라면 공연 티켓을 먼저 사놓겠다는 사람이 있다면 어디든 동행할 만한 사람인데 깊이와 넓이와 높이를 확장해 가는 이런 사람을 만나려면 시력과 청력이 좋아야 한다. 영화에서 장면도 좋지만 대사가 고막을 자극해서 두뇌를 작동시키고 언어를 논리적으로 사용하게 만드는 이해력을 증진해 준다면 기꺼이 시간을 투자하는 관객이 될 수 있다.

돈을 싫어하는 사람은 없는데도 돈 얘기의 이상한 껄끄러움과 젠더의 불가해성에 대항하며 의문을 제기하는 카를(해리스 디킨슨 분)은 양미간에 일명 '슬픔의 삼각형'이라는 주름을 가지고 있다. 연인과의 관계가 '친구'이길 바라는 카를과 생각을 요하는 대화가 성가신 야야(샤를비 딘 분)의 세 장면(레스또랑, 택시, 엘리베이터)은 감독(루벤 외스틀룬드)의 장치가 관객으로 하여금 카를의 감정에 편승하게 한다. 연이어 야야

ⓒ 박정인

가 선베드에 누워 들여다보고 있는 휴대폰과 카를이 들고 다니는 책 『율리시즈』로 대비시키며 관계의 리더가 누구인지 묻는다.

영화 〈슬픔의 삼각형 The Triangle of Sadness〉은 카를과 야야를 중심으로, 요트 위의 사람들에서, 섬에 남겨진 8명의 인물로 압축하면서 스토리를 잇는다. 감독은 하고 싶은 말이 많고 숨기지도 않아 카메라의 초점을 따라 관객도 바쁘게 시선을 이동시킨다. 계산서를 카를 쪽으로 반듯이 놓으며 '탱큐, 썰' 하고 말하는 나이 든 웨이터는 두 사람이 옥신각신하는 동안 야야보다는 카를 쪽으로 자주 시선을 줌으로써 돈 문제는 남자가 해결하는 게 상식이라는 젠더의 사회적 공인을 연출한다.

카메라의 삼각 구도

자기 안에 삼인칭, 제3의 관찰자를 세워놓고 있는 사람은 슬프다. 매사가 자신의 인식 능력 아래 놓여 있어서 사고력의 지배를 받고 더욱 명징해지려고 애를 쓰기 때문이다. 카를 쪽으로 시선을 주며 의아해하는 웨이터와 '사랑한다면 싸우라'고 충고하는 택시 기사는 시선의 삼각 구도 속 제3자인 동시에 카를의 '생각하는 자아'이

© 박정인

기도 하다. 논리적 객관적 동의에 필수적인 제3자를 화면 안에 넣거나 카메라를 이용해 관객을 자극해서 끌어들이는 기법이 즐길 만하다. 잘 싸울 수만 있다면 싸움은 단시간에 소통을 가능하게 하는 최고의 의사 수단이다.

감독의 '방주'를 타고 무인도에 표류한 성비 4:4의 인물들은 원시적으로 불을 피우고 수렵하는 구석기 문명에 처해서도 섬의 반대편으로는 가보지 않는다. 21세기 인간답지 않은 허술함이지만 '코미디 장르의 영화니까' 관객이 넘어가야 할 만큼 '무지'하다는 것이 이 영화의 허점이다. 패션쇼의 무대에서 빠르지만 확실하게 비추고 지나가는 캐치프레이즈, '낙관론을 가장한 냉소(cynicism maquerading optimism)'만큼이나 그 자체가 냉소로 느껴지는 이유는 뭘까. 주름을 펴라는 오디션 심사위원의 주문이 내포하는 '생각 금지' 혹은 '생각 무시'와 같은 맥락이 블랙 코미디의 숨은 정수처럼 씁쓸하다.

감독이 사회주의자임을 자처한다고 해서 영화가 사회주의를 표방한다거나, 블랙 코미디라는 공언이 관객을 웃게 하는 것은 아님에도 감독은 영화 속 투명 인간, 3인칭, 혹은 토마스 선장으로 이동하면서 '실패할 수밖에 없는' 사회주의를 침몰시키고 러시아 자본주의자가 살아남는 냉소를 택한다. 카를 마르크스(독일 철학자)에서 따온 것으로 추정되는 이름의 주인공을 플레이어(선수)로 세우고 햄버거와 튀긴 감자로 '전시 행동'하는 무책임한 선장보다는 러시아 자본주의를 살리는 희극을 연출한다. 자본주의는 실핏줄처럼 모든 사회를 지배한다. 돈 얘기가 껄끄럽고 섹시하지 않은 이유다.

배고픔을 해결하기 위해 애비게일(돌리 드 레온 분)을 따라 구명

정으로 들어가는 카를은 전시에 생기는 '거리의 여자' 패러디의 클리셰지만 애비게일에게 생긴 진심으로 인해 관계를 정리해보려는 카를의 의지는 독립 자발적이다. 주인공이 생각을 멈추지 못하고 막다른 골목에서 생각의 결과물을 보여주는 결론의 개연성이다.

이타적 질주

2인 사이에는 역학이 존재하고 3인 이상이면 정치가 시작되니 뒤집혀도 여전히 삼각형의 모습을 유지하는 사회 속 불변의 피라밋 구조가 영화의 소재로 신선한 것은 아니다. 고급 리조트의 존재로 사회적 위치의 전복을 두려워하며 자갈밭을 걸어오는 애비게일의 발자국 소리에 고개를 돌리지 않은 채 여유롭게 '도울 방법(비서)'을 말하는 야야와 애비게일이 들어 올린 돌덩이를 머리 위에서 멈추는 장면은 현실적 가능성의 상상력 안에서 절제된 흥미를 유발하고 관객에게 대화의 토픽이 되게 한다. 슬프지 않은 생각의 시작이다.

가시에 얼굴을 긁히며 피가 흐르는 것도 개의치 않고 미친 듯 달려가는 엔딩 씬의 카를은 앞의 장면들과는 차별적으로 예고 없이 관객을 깨운다. 생각을 끝낸 카를의 행동은 무엇을 의미하는가. 무엇을 위해 피를 흘리나. 야야를 따라나선 애비게일이 야야를 해할 것을 우려한 것일까. 야야와 애비게일 사이에 모종의 나쁜 일이 벌어질 것을 예상한 것일까. 어느 쪽이든 카를의 생각(관객의 상상력) 안에 답이 있다. 모두 '생존'하게 하소서.

10
오마주
Hommage

과감한 독창성으로
거침없이 나아가자

문제의식의 작품성으로 흥행을 향해 가라

생동감과 질주하는 힘이 영화에서 빠져 있다면 관람료를 지불한 관객에게 감독이 뭘 요구할 권리가 있는 것인가 생각해봐야 한다. 생각의 질주를 하고 싶은데 뒷덜미를 잡아채는 느낌까지 주는 건 부당하다. 영화 '오마주'가 이 나라의 선구적 여성 감독들에 관한 이야기를 그냥 서술하는 데 그치지 않고 구체화한 상상력의 시나리오로 관객을 매료시켰더라면 문제의식과 작품성, 시의성까지 획득할 기회였다는 아쉬움이 남는다.

40대 후반의 영화감독 지완(이정은 분)은 총 세 편의 영화를 제작하지만 흥행에 실패한다. 그러나 경제적으로도 어려운 상황에서 영화 작업을 그만둘 수가 없다. 왜 그만두지 못하는지 공감의 기회에 대한 '아쉬움'이 시작된다. 물론 이러한 아쉬움은 생각의 지평이 큰 관객에게는 보편성의

© 문수인

문제로 쉽게 이해된다.

대중예술임을 피할 수 없는 '영화'가 흥행이라는 기선을 확보하고 제작에 참여한 사람들에게 확신을 주려면 필수 요소를 감독은 알고 있을 것이고 그래서 영화 속 영화, '유령'이 궁금하다. 그저 '흥행에 실패했다'는 것으로는 알 수 있는 게 없고 여성 감독의 영화는 실패한다는 것으로 이해해야 하는 은연중 '설득력 없는 설득'은 황당하기까지 하다. 감독도 개인이므로 개인의 고뇌가 관객에게 철학적 보편성으로 해석될 기회가 주어져야 한다.

지완은 1960년대 선구적인 여성 영화감독의 작품을 복원하는 작업을 하면서 열악한 시대적 환경 속에서 고단하게 버틴 감독과 편집 기사를 만난다. 아이를 업고 메가폰을 잡은 최초의 여성 감독 백남옥, 아이가 있는 것을 숨기고 영화 작업을 했던 감독 홍재원, 개봉하자마자 여성이 담배 피우는 장면으로 인해 삭제당하고 창고로 들어가버린 필름. 당시 실제 사건인 여판사 살해 사건을 모티브로 했음에도, 영화가 사건의 핵심을 백안시한 채, 판사를 그만두고 가정주부로 행복하게 살았다는 스토리로 제작됐다는 것은 진부하고 시사적이다. 더구나 문제를 덮는 데 영화가 사용됐을 가능성도 불편하게 가늠해볼 수 있다.

지완은 홍재원의 '여판사'가 상영됐다는 허름한 옛 영화관에서 모자의 장식 테두리가 돼 있는 필름을 찾아내고 편집 기사였던 이옥희(이주실 분)와 함께 '여판사'의 복원 작업을 시작한다. 홑이불을 개는 세 사람(과거와 현재를 잇는 두 영화인과 현재를 지지할 젊은 남성 영화인)의 협연과도 같은 서정적 미장센이 눈에 띤다.

여성의 동료의식

'여자(타인)의 행복'이 남자(타인)의 생각으로 단정 지어지고 당연한 듯이 입으로 나오는, 짧게 소개되는 '여판사' 중의 대사는 진부하고 오래된 싸움의 발단이다. 어떤 사람에게는 고단하나 기꺼이 선택하는 개인 삶의 여정인 '직업'이, 타인이 결정, 혹은 반대할 불편한 대상이라는 것은 논리적으로 해답이 없다는 점에서 진부하고 '문제의 멋스러움'도 없다. 이것은 꼭 남녀 간만의 문제가 아니기 때문이다. 부모 자식 사이에서도 벌어지는 문제다. 인간의 지배욕, 이기심과 관련한 부분이므로 독립된 주제로 다루어야 할 문제다.

담배 피우는 여성의 뒷모습이 필름 삭제의 이유인지 물어볼 기회조차 없이 '침묵' 속에서 여성(감독의 영화)은 삭제된다. 감독이 이 진부한 주제를 논란 삼으려는 건 아니다. 벽 속의 여자(상황에 갇혀 벗어나지 못하는), 우편물이 가득 쌓인 집(삶의 공간을 버리고 떠난 여자), 공용 주차장 한구석의 차 안에서 죽은 여자를 통해 지완의 무의식(여성들과의 동료의식)을 그린다. 자신의 현재가 벽 속에 갇힌 듯 답답하게 살아가는 지완은 그 삶을 끝까지 버텨냄으로써 자신도 구해달라고 '여판사'의 감독이 말하는 듯하다. 여성은 특별한 이유에서 또 다른 여성이 관심 가져주길 소망한다는 얘기다.

  수많은 외적 요소들의 결합으로 완성되는 영화 작업은 우리 의식 안에 있는 '여성'의 한계를 넘어서기 어렵게 한다. 이런 한계상황을 '여성'의 것으로 국한할 때 답을 찾기란 더욱 어려워지는데 이때마다 지완의 의지가 스며 나오는 장면들은 이 영화의 별미로서 신수원 감독의 연륜을 맛보게 한다. 그런 의미에서 자궁 적출 수술 후 남편을 '브라더'라며 짐짓 유머를 구사하고 옛 편집 기사에게 '담배 한 대 피우실래요?' 하며 함께 웃는 장면이 전반적 분위기에 통일성을 부여한다. 동시에 '끝까지 살아남으라'는 선배 영화인의 격려는 다름 아닌 '여성'의 응원이 또 다른 여성에게 어떤 의미로 강력한 힘이 될 수 있는지 강하고 건조하게 확인시킨다.

나아가는 여인들

  툴툴거리고 무뚝뚝하지만 십 년 동안 아내의 일을 응원하면서 지원해온 남편, 가볍게 여기는 듯 보이면서도 엄마가 하는 영화 작업에 항상 관심 있는 아들, 자기 일 가진 며느리를 배려하려는 전화 속 시어머니를 통해 편파적이지 않은 감독의 시선을 본다. 머무르지 않고 나아가는 은근한 캐릭터들은 이 영화의 드러나지 않는 매력이다.

  남성의 삶을 여성과 다르게 만드는 데 일조해온 '어머니'라는 또 다른 여성들, 여전히 주체적 삶을 살지 않는 과거와 현재의 어떤 어머니들에게 격려의 동참을 조용히 외치는 이는 지완의 통화 속 시어머니다. 육백만 불의 눈으로 냉장고 청소하는 며느리를 투시하면서 방문 취소를 결단하는 목소리의 시어머니는 신수원식 유머로 표현된, 영화 '오마주'에 등장하는 품위 1위의 캐릭터다. 특징적으로 이와 유사한 캐릭터라면 최근 넷플릭스에서 공개한 '폭싹 속았수다'에 등장하는 애순의 시어머니를 눈여겨볼 만하다.

11
사랑하는 당신에게
The Last Dance

몸으로 그리는
고요하고 단호한 노년의 독립

마르셀 푸르스트

"일요일인데 좀 편하게 있으면 안 돼?" 복장에 대한 엄마의 잔소리에 자녀가 반항하는 것처럼 들리는 이 대사는 80을 바라보는 제르맹(프랑수아 베를레앙 분)이 아들의 간섭에 저항하듯 하는 말이다. 일거수일투족을 걱정스런 시선으로 보는 당당한 간섭이 부모만의 독점적 권한은 아닌 듯하다. 노년이 된 부모는 역할이 전도되어 이제 자녀의 간섭에서 벗어나 독립해야 하는 문제에 직면한다.

노부부의 아침. 자녀들이 마련해준 동력 의자에 발이 걸리자 투덜거리는 아내 리즈(도미니크 레이몽)는 최근 무용단에서 춤을 추기 시작하면서 일상이 즐겁다. 한편 혼자서 무료하게 티비를 보고 있던 제르맹은 그런 아내를 향해 환하게 미소 짓는다. 영화의 느긋한 전개만큼이나 특별할 것 없는 장면에서 의미를 찾을 수 있다면 아내의 정신적 독립에 대해 제르맹이 미소로 보여주는 인정과 응원이다.

나이 든 부부에게 배우자의 돌연사는 그 자체가 현실적이어서 원인은 중요한 문제가 아니다. 그 현실을

받아들이는 태도가 홀로 남은 배우자의 나머지 삶의 질을 결정한다. 리즈가 갑자기 죽자 제르맹은 아내와의 약속을 실행하기 위해 관심을 두지 않던 무용단을 찾는다.

영화 〈사랑하는 사람에게 The Last Dance〉는 마르셀 프루스트의 『잃어버린 시간을 찾아서』를 읽다가 잠이 든 제르맹의 꿈에서 프루스트가 직접 들려주는 알쏭달쏭한 문장으로 시작된다. '인생이 기대한 대로 되지 않아 실망하게 되나 새로운 일들이 나타나 이를 상쇄시킨다.' 제르맹의 침대에 편안히 기대어 앉은 프루스트가 말하는 동안 자신의 침대 끝에 불편하게 걸터앉은 제르맹은 커다란 마들렌이 담긴 접시를 들고 있다. 프루스트의 문장에 집중이 되지 않는지 두리번거리다가 부담스런 크기의 마들렌을 집어 한입 베어 문다. 여러분은 이 책을 읽은 적이 있는가. 워낙 유명한 책이라 필자도 읽어보려고 서너 차례 시도했으나 졸음을 이겨보지 못했고 40대의 어느 날엔 읽기를 포기하고 말았다. 마르셀 프루스트에게도 그다지 미안하지 않았을 정도로 난해한 책이다. 제르맹의 따분한 표정이 참으로 프랑스 영화다운 처리다.

마들렌

어머니가 갑자기 죽고 홀로 남은 아버지를 위해 아들 마티유를 비롯한 자녀와 손주들은 돌보미 시간표를 만들고 수시로 전화를 하지만 제르맹은 달갑지 않다. 자녀들과는 관계없는 아내와의 약속(상대방이 시작한 일을 마무리하는 것)을 지키기 위해 무용단에서 춤을 추고 즐거워하면서도 자녀들의 시선이 걱정된다. 여기에서 감독은 부부만의 삶이 특별하게 존재하는 것이며 이것이 꼭 자녀들과 공유될 필요는 없음을 명백히 한다. 제르맹의 이 여정은 춤이라는 행위를 통해 아내를 적극적으로 그리워함으로써 아내에게는 진정한 이별이자 자신을 위해 이뤄내는 마지막 독립의 고요하고 단호한 행위다.

노년에 건재하는 정신적 삶의 욕구는 노년의 삶을 지탱하는 핵심이다. 그러나 자녀들의 근심은 식사와 세탁물 처리에 머물러 있고 아버지에게 있을 수 있는 다른 욕구의 존재는 상상하지 못한다. 자녀들보다는 무용단원, 손주, 옆집 도우미와의 소통이 더 쉬운 제르맹을 통해 델핀 리허리쉬 감독은 '부모와 자녀'라는 현실적 가족관계의 부담을 은근히 비춘다. 냉장고에 쌓인 음식을 고양이에게 먹이고 억지로 베어 물어야 하는 커다란 마들렌은 자녀들의 지나친 근심 안에 명확히 존재하는 사랑이 손상되지 않게 하려는 힘겨움의 은유다.

부부 혹은 부모의 삶을 자녀들이 모두 알기는 어렵고 굳이 주입할 이유도 없듯이 자녀의 성장 과정의 경험이 부모의 삶의 전부일 수도 없다. 모두가 독립 객체임을 부인할 수 없다. 다만 '독립된 객체들이 상대의 눈을 보면서 일정한 거리를 유지한 채 같은 동작을 하면서 가까이 존재하는' 안무를 통해 '존중과 공감'의 실천적 동행을 제시하고 있는 것으로 보인다.

현대 무용 맛보기

안무가인 라 리보트는 어색하지만 자연스러운 제르맹의 동작에서 그가 찾아온 이유와 행동의 일치를 본다. '전문적인 댄서가 아닌데 왜 주인공으로 세우는가?'라는 질문에 대해 '명확히 안 보일 땐 바꿀 필요가 있다'라고 답한다. 제르맹의 사연이 라 리보트에게도 새로운 영감이 되고 도전과 응전의 시점이라는 것을 암시한다. 전위적 안무가로 알려진 실제 인물이 실명으로 출연해 제르맹의 스토리와 함께 관객에게는 생소할 수 있는 전위적 현대 무용을 소개한다.

제르맹의 스토리를 모티브로 만든 안무를 통해 관객은 눈에 띄는 춤 동작의 의미를 생각하게 되고 해석도 용이하다. 제르맹 역시 사미르(케이시 모텟 클라인)를 비롯한 다른 사람들의 동작을 관찰하고 모방하는 '예술적 적극성'을 보인다. 동시에 라 리보트와 제르맹은 타인의 마음으로 들어가는 행동력에 있어서 동일한 모습을 하고 있다. 아내가 '그립다가도 원망스럽다'는 감정이 춤을 추면서 '요즘 무척 행복하고 당신에게 미안하지만 이 사람들이 너무 좋다'는 담백함으로 바뀌는 것은 상쇄와 보상으로서 적극적인 사랑 행위의 결과물이다. 아내를 사랑했지만 충분히 알지는 못했던 시간, 자녀 혹은 부모에 대한 사랑이 구속으로 변질된 시간은 유한한 삶에서 '잃어버린 시간'이다. 그 시간을 찾을 수 있는 기회가 있다면 다행이다. 할 수 있을 때 마음껏 그리워하고 힘껏 사랑하기.

12

가장 따뜻한 색, 블루
Blue is the Warmest Colour

넘어지고 깨지더라도
계속해야 할 자기 탐구

성숙한 사람들의 아름다움

"이 세상맛이 아니야."
"스파게티에서 나온 지렁이 왈, '이렇게 여럿이서 해보긴 처음이었어.'"
"토마토 직접 산 거야?"
아델(아델 에그자르코폴로스 분)이 만든 파스타를 먹으며 나누는 이 감각적인 대화는 영화 〈가장 따뜻한 색, 블루 Blue is the Warmest Colour〉를 고급스럽고 아름답게 장식한다. 특별하지 않은 음식에 던지는 최고의 찬사, 성인의 유머, 일상적 관심이 동일한 강도로 섞이며 오가는 엠마(레아 세두 분)의 집 파티 장면. 사랑과 해방, 도전과 열정, 관심과 격려로 둘러싸인 예술가들의 대화는 그들의 표정만큼이나 세련되고 화려하다. 쥘리 마로의 그래픽 노블 『파란색은 따뜻하다』가 지닌 리얼리티와 압둘라티프 케시시 감독의 구체화한 장면 연출이 융합되어 세 시간 동안 관객은 서두르지 않고 사랑의 보편성과 성소수자에 대해 생각할 시간을 갖는다.
흥행을 위해 두 여배우의 베드신에 지나치게 긴 시간을 개연성 없이 할애한 것은 명백히 성 착취거나 노동력 착취에 해당해서 많이 아쉽다. 이 사실을 제외할 수만 있다면 원작의 단순한 스토리

를 확장해서 주요 인물의 성장을 그려낸 것은 칭송할 만하다. 작가와 감독들은 일반적으로 어느 정도는 계몽주의자들임은 학교 수업 장면을 즐겨 넣는 것으로 알 수 있다. 관객도 비평적 위치에서 감상해도 좋을 것이다.

엠마의 그림 속 아델

잠이 덜 깬 듯한 얼굴로 나와 바지를 치켜올리며 뛰어가지만 학교 버스를 놓치는 아델의 뒷모습에서 성장기 소녀의 모습을 본다. 피에르 드 마리보의 소설 『마리안의 일생』을 읽는 문학 수업, 사랑에 눈뜨는 여성의 심리가 섬세하고 예리하게 표현돼 있는 내용을 가지고 학생들의 생각을 끌어내는 교사의 수업 방식에는 성장과 그 성장을 돕는 어른의 모습이 보인다.

원제인 '아델의 삶'으로 알 수 있듯이 이 영화는 성 정체성을 인지하는 시기를 포함한 아델의 성장을 이야기한다. 자신을 알 수 없어서 이유도 모른 채 우는 불안정한 십 대. 실험하듯 저질러버리고는 수치심에 눈물이 솟구치는 미성년. 아델 역 아델의 표정 연기가 경탄을 자아낸다. 배우가 있는 그대로의 모습을 사용하도록 인물의 이름을 결정한 것도 감독의 결단력일 것이다. "이상해요. 나 같지만 아닌 것 같기도 하고." 엠마가 그린 크로키를 보고 아델이 말하듯 나와 타인이 보는 나는 자주 이질적이다. 그래서 내가 원하는 나와 타인이 보는 나는 갈등을 일으키며 자기 탐구의 동기를 부여한다.

엠마는 자신이 그린 크로키가 맘에 들지 않는다. 순간적으로 포착된 아델의 있는 그대로의 모습이 마음에 들지 않는 것인데 이것은 엠마의 무의식이 인지한 것일 뿐이므로 손봐야 한다며 부분(입가의 주름 등)을 가져다 쓴다고 말한다. 즉 엠마는 아델의 일부분만을 인정하고 있는 셈이다. 파티에서 아델의 모델 작업에 관심을 보이며 호평하는 전시기획자 요아킴을 막아서는 엠마의 모습도 같은 맥락이다. 자신이 발견한 이미지가 고정되고 그 상태에서 자신이 바라는 모습으로 발전해나가기를 바라는 심리에는 흔한 지배욕이 보인다.

사랑의 색, 아델 눈의 블루

영화의 무대인 프랑스에 한국을 대입하고 엠마에 남자를 대입해보면 스토리는 사뭇 현실감을 갖는다. 주제가 동성애보다는 사랑과 성장을 말하는 것으로 보이고 아델과 엠마가 각자 상대에게 갖는 욕구도 보통의 연애와 다르지 않다. 아델과 엠마가 횡단보도에서 처음 마주친 후 세컨 글랜스(second glance)로 뒤돌아보며 다시 눈이 마주치는 것은 연애 상황으로 이어지는 클리셰이긴 하나 신비롭게도 경험한 사람들에게는 개인 삶의 변화를 일으키는 중요한 사건이다. '당당하게 모습을 드러내는 오브제'는 나를 비추는 깨끗한 거울과 같다. 이로써 엠마는 아델에게 '사랑'이라는 개념의 선명한 오브제가 된다.

몸과 마음이 향하고 있는 엠마로 인해 아델은 자신을 좋아하는 토마(제레미 라위르트 분)에게 흥미를 느끼지 못하고 이별을 고한다. 친구 발랑탱(산도르 푼텍 분)이 위로차 데리고 간 게이 바에서 나와 거리를 배회하다가 우연히 들어선 레즈비안 바에서 엠마와 다시 만난다. 아델의 순수한 아름다움에 끌린 엠마는 사르트르의 철학적 개념(실존, 본질)과 그것이 자신의 삶에 끼친 영향을 아델의 눈높이에 맞춰 이야기하면서 아델이 호기심 가득한 이성애자일 것으로 추측한다.

엠마가 미대 순수 미술과 학생이라고 말하자 '추한 미술과도 있냐'는 아델의 순진한 질문에 '추한 미술과는 없지만 추해 보일 수는 있다'는 엠마의 대사는 동성애자, 성소수자를 바라보는 일반적 시각에 대한 수용의 은유다. 추한 것이 아니라 독선과 편견으로 타인을 구속하려는 사람들에게 성소수자는 추하게 보일 수 있다는 것. 그래서 엠마의 파란 머리카락은 아델의 눈에 투영된 '사랑'의 이미지가 색으로 변환된 것으로, 아델의 삶에서 엠마는 첫사랑이고 사랑의 원형이며 '둥둥 떠 있고 싶은 바다', 소유가 불가능한 영원성이다.

미성숙과 폭력, 불안과 공포

베드 씬과 유치원 씬은 상반된 듯 동일한 이미지로서 행위와 심리를 대칭으로 시각화한다. 필요 이상으로 긴 베드 씬과 마찬가지로 아델의 정신적 성장이 정체돼 있음을 보여주는 유치원 씬들을 보면서 관객도 그 정체감으로 답답하다. 그러나 두 씬에 '공평한 대칭'으로 시간을 분배하는 감독의 시선을 따라 아델 표정의 미묘한 변화를 주시하다 보면 비로소 장면들의 필요성에 공감한다.

아델의 성 정체성이 분명치 않은 가운데 벌어지는 갈등은 엠마에게는 폭력일 수 있다. 그러나 그 이전에 아델은 자신을 향해서도 폭력을 휘두른다. 끌리지도 않는 상대와의 성행위, 엠마나 예술가들의 대화를 방해하며 아무 때나 끼어드는 자존감 부재의 행위, 머리의 색이 평범하게 바뀌고 '가족'을 언급하며 삶을 결정한 엠마를 거침없이 유혹하는 무자비함. 아델이 '성장'을 향해 가다 넘어지고 깨지는 안타까운 위기의 모습이 불안과 공포감을 일으킨다.

파란 원피스 차림의 뒷모습으로, 아델이 젠더의 수용자이며 이성애자임을 짐작하게 한다. 엠마가 아델을 향해 느끼는 '애틋함'에 공감하기까지에는 긴 시간이 필요하다. 교육적 효과를 기대하면서 영화가 대중의 흥미와 관객 동원이라는 성공까지 거두려는 욕심이 나쁜 것일 수는 없다. 여배우들의 긴 베드 씬이 두 번 보기는 즐겁지 않은 장면이라면 황금종려상으로 덮을 수만은 없는 감독의 실수이며 성 착취로 비난받을 만하다. 예술은 양성 모두를 위한 것이다.

눈먼 자들의 도시 Blindness

어디 갔어, 버나뎃 Where'd You Go, Bernadette

정이 JUNG_E

가재가 노래하는 곳 Where the Crawdads Sing

퍼펙트 데이즈 Perfect Days

남아 있는 나날 The Remains of the Day

상상력

13

눈먼 자들의 도시
Blindness

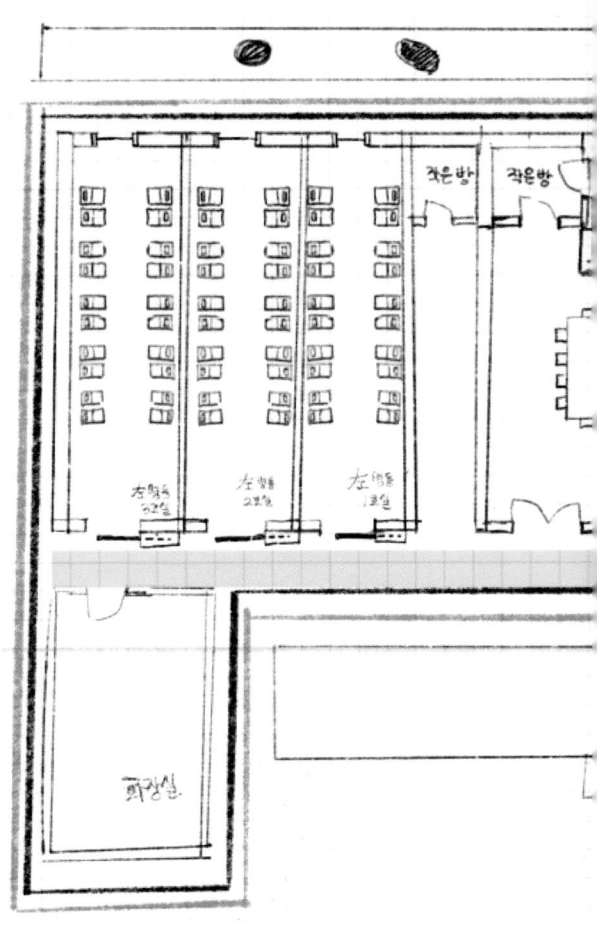

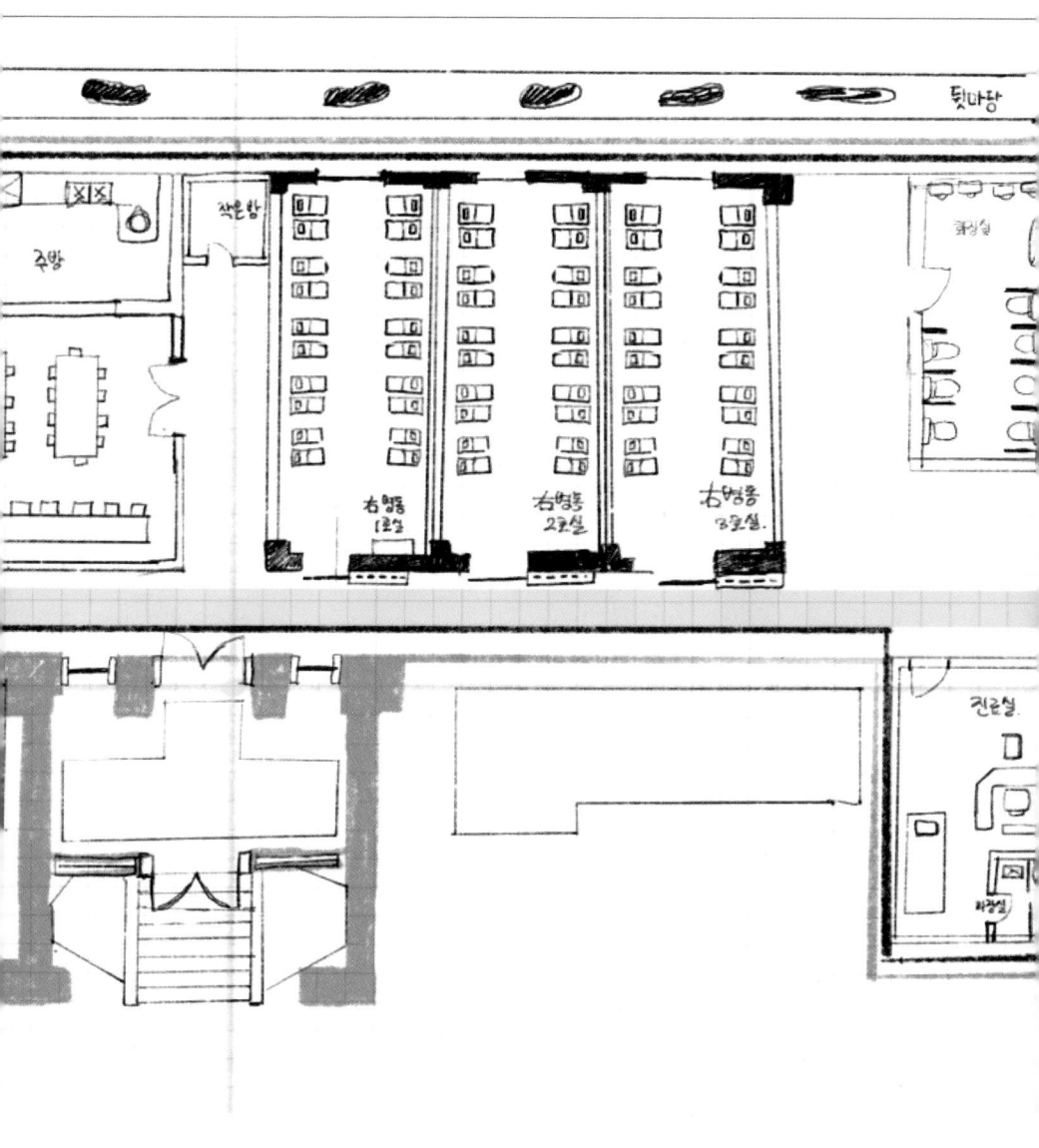

ⓒ 박정인

눈 뜬 자, 내면의 소리를 듣는 자, 시대를 넘다

상상과 실제의 아이러니

 최근 삼 년 이상 코로나19 바이러스로 인한 질병으로 어려움을 겪은 인류는 이제 상상일 뿐이라고 생각해서 영화에서나 나올 일로 여기거나 상상하지도 못한 일들이 실제로 벌어진다는 사실을 인정하고 있다. 디테일이 다르다 해서 명백한 사건의 존재를 부인할 수도 없다. 그래서 우리의 관심은 상황 속 행동이다.
 이 영화에서 특정한 연대, 지명뿐 아니라 인물 개개인의 고유한 이름도 나오지 않는다. 덕분에 보편성을 지닌 주제가 선명해진다. 대신 직업, 신체적 특징으로 불리거나 칭해지는데 눈이 보이지 않게 된 특수한 상황에서 의지와 관계없이 한 공간에 있게 된 사람들에게 개인의 이름보다는 직업과 신체 특징만이 변화된 환경 안에서도 한 인간을 선명하게 드러내주는 조건이라는 걸 생각하게 한다. 원작자 주제 사라마구 (포르투갈)의 사회주의적 성향을 엿보게 한다. 동시에 우리가 의식하지 않고 부르고 불리던 '이름'이 개인의 존재와 존엄의 추상적 표상임을 반대급부로 실감하게 되는 것도 아이러니다.

나한테 뭘 원하는 겁니까?

　자신의 가장 강력한 자아(Superego)에게 이렇게 물을 수 있다면 욕구와 더불어 불가피하게 가야 할 방향에 대한 인식 능력을 체득한 사람이다.
　내면에서 쏟아지는 질문을 받으며 답을 찾아 어두움 속으로 걸어 들어가야만 하는 사람이다. 답을 구하는 자에게는 보이는 현실이 더 큰 어두움, 벗어나야 할 공포, 두려움이기 때문에 이어지는 질문을 안고 가장 강력한 힘을 찾아 떠난다.
　주제 사라마구(포르투갈)의 소설 『눈먼 자들의 도시』에는 원제 'Blindness(실명)'로 이미 독자들이 주제를 알아챌 수 있는 것만큼이나 분명한 사유적 문장들이 산재한다. 원작 소설을 읽었다면 첫 장면부터 독자 중의 독자인 감독의 시선을 따라가며 인물의 성격이 표현되는 대사, 배우의 표정 연기와 함께 영화의 한 장면이 사라마구의 문장 몇 개 페이지로 이루어질까를 상상하면서 '지적 생동감의 울림'을 경험하게 된다. 원작이 장면 전환의 극적 긴장감 묘사에 충실해서 영화는 원작과 거의 동일하게 제작되었다.
　어느 날 갑자기 모든 사람이 전염병처럼 실명한다는 판타지가 자칫 실제 상황과 동떨어진 허구라는 이유로 눈 돌리기 쉬운 소재임에도 불구하고 진지한 독자와 관객에게 숙연한 공감을 불러일으키는 것은 '미래'라는 불확실한 상황의 실재가 상상력과 허구를 백안시하는 주장을 무력하게 하기 때문이다. 그래서 어느 순간 인류의 실명이 현실로 받아들여지고 관객은 영화 속 다양한 개인의 모습 중 어딘가에 자신의 모습을 위치시키면서 슬며시 불편한 심경에 이른다.

두려움과 맹목적 선

교통이 혼잡한 거리 한복판. 자신의 차를 운전하던 중 첫 번째로 눈먼 남자는 두려움에 압도된 채 안전하게 집에 데려다준 차 도둑의 선에 대해 감사 인사를 생략하고 쫓아냄(차 열쇠를 달라고 하는 것도 잊고)으로써 차 도둑의 내면 깊은 곳에 있던 악을 불러낸다. 이것은 이타적인 의사의 아내(줄리안 무어 분)에게 실명하지 않았다는 것을 알면서도 비밀을 지키고 '나도 기여하고 싶다'고 말함으로써 차 도둑이 자신의 '근원적 선'을 회복하는 반전은 암울함 속에서 빛나는 경쾌함이다. 두려움이라는 어둠의 공간에 대한 통찰을 바탕으로 인간이 인간에게 행하는 맹목적 선의 결과에 대한 희망을 놓지 않겠다는 작가의 소명 의식이 새로운 건 아니지만 포기하지 않으려는 의지가 눈부시다.

이기심을 포장하는 사람들과 부조리

자신의 아내가 수용소의 모든 눈먼 자들을 돌보는 상황이 계속되자 의사는 '당신은 내 아내'라며 아내에 대한 소유권 혹은 가족 이기주의를 드러낸다. 특수한 상황이 아니라면 의사의 이런 태도가 이기적으로 들리지는 않을 것이다. 평범한 전업주부인 의사의 아내는 인류의 멸종이 될지도 모를 특수 상황 속에서 홀로 눈뜨고 있는 자신만이 '할 수 있는 사람'이고 이기심조차 헛된 감정임을 아는 순간 '선택의 여지가 없다'. 에로스에서 아가페로의 승화는 사랑의 근원적 의미에서 자연스러운 일이다. 첫 번째 눈먼 남자 역시

'인간의 존엄'으로 이기심을 포장하지만 '난 (다른 여자들과) 뭐가 다르냐'는 아내의 저항에 무력해진다. 차 도둑의 말처럼 안 보이면 사고 능력이 향상되고 감각도 예리해질 수 있다. 시선이 밖으로 향하지 못하니 자신의 신체와 내면으로 향하는 것이 불가피하다.

　사회가 고난에 처할 때 언제나 여성이 가장 먼저 희생된다. 이러한 현상을 설명할 만한 마땅한 논리조차 없는 부조리를 헤치고 나가야만 하는 실존의 문제가 여기에도 있다. 그래서 "우린 여럿이지만 결국 혼자다." 질서와 합리를 이야기하는 의사(마크 러팔로 분)와 총을 쥐고 복종을 말하는 자칭 '눈먼 자의 우두머리'는 우리 사회에 상존하는 이기적 인간과 삶인데 인간임을 존귀하게 의식한 상황 인식과 선택이 방향성을 갖는다는 생각이 작가의 꿈일 수만은 없다. 눈을 뜨고 무엇을 봐야 하는지를 새롭게 인식해야 한다는 외침이다.

상상력과 도전의 악보

　상상력과 호기심으로 정신의 활기를 유지하는 사람은 대체로 두려움이 적고 도전에도 과감하다. 의사 아내의 여정은 처음부터 상상과 결단의 단호한 행동 체계를 보여준다. 남편의 캐리어에 자기 옷을 챙겨 넣고 배웅하듯 따라나서다가 마지막 순간에 '방금 나도 눈이 멀었다'며 차에 오른다. 눈먼 자들의 수용소에서 일어날 일들을 상상하면서 악보의 마디 하나를 빠르게 보는 듯한 행동 패턴이 결국 도전으로 이어질 것을 예측하기란 어렵지 않다. 현실에 근거한 상상이란 벌어질 일들에 대한 준비를 가능케 하므로 의사 아내의 모든 행동의 이유가 되기도 한다.

다소 의아한 캐릭터인 색안경을 낀 여자(엘리스 브라가 분)의 모성 본능(소년을 보호하는)이 몸 파는 직업과 어울리지 않는다는 생각이 들 때, 각도를 조정한 상상력으로 남성의 시각을 벗어난다면 이 여자의 내면을 색다르게 투시할 수 있다. 그리하여 그녀가 지닌 솔직함, 담대함이 개연성을 드러내며 관객의 공감도를 높이고 이해를 돕는다.

회복과 정화의 그림

의사가 주머니에서 꺼내는 집 열쇠는 인물들이 놓치지 않은 삶의 회복을 향한 소망과 희망의 열쇠다. 열쇠를 받지 않고 남편의 손을 열쇠 구멍으로 인도하는 아내를 통해 정치적 다툼이 없는 평화와 온전한 삶의 상징적 그림을 본다. 죽은 여인의 몸을 묵묵히 씻기는 여자들, 빗속에서 다시 세 여자가 몸을 씻으며 웃는 장면들이 오래돼 빛바랜 성화처럼 느껴지는 것과 같은 이유다. 실제로 이 영화에는 시간적 배경이 없다. 그래서 관객은 시적 상징적 주제를 향해 갈 수 있다. 동서고금 남녀노소를 막론하고 인류는 각종 부조리에서 살아남고자 투쟁한다. 그래서 눈 뜬 자들은 숙명처럼 미션을 받아들인다.

14

어디 갔어, 버나뎃
Where'd You Go, Bernadette

ⓒ 안영금

창의적 문제 해결,
에코 페미니스트의 꿈

　마리아 셈플(Maria Semple)의 동명 소설이 지닌 독특한 생동감의 대화체가 독자와 관객을 인물과 동행, 버나뎃이 배에 탈 때는 배멀미를 하면서 몰래 보트를 타고 팔머 기지로 함께 숨어드는 모험심에 동승하게 한다.

　"나 자신을 위대한 건축가라고 생각해본 적은 없다. 그보다는 악조건에 대한 뛰어난 감각과 애착을 지닌, 미적 감각이 있는 창의적 문제 해결사에 가깝다."
　영화 〈어디 갔어, 버나뎃〉 중 버나뎃(케이트 블란쳇 분)의 이 말은 자신의 현 위치와 정체성 규정의 단호함이 담긴 명대사다. 우리 주위에 천재가 있다면 알아볼 수 있는가. 평범하지 않은 사람에 대해 대개의 경우 어떤 마음의 태도를 하는가. 버나뎃은 언뜻 보면 고독해 보이나 고독하지 않은데 이유인즉 자기 자신이 가장 믿을 만한 친구인 듯 보여서다. 진지함과 위트로 덮여 있긴 해도 주인공의 '침체된 20년 세월'로 인해 밝을 수만은 없음에도 이 영화의 시종일관 유쾌한 분위기는 전적으로 버나뎃의 강력한 정신적 에너지, 자신의 문제를 감당할 수 있는 자기 이해력에서 온다.
　'불면증이 불안증을 낳고 불안증이 불면증을 낳는다'고 스스로 정리하고 '약에 의존하면 자신을 잃게 된다'는 생각으로 견뎌내면서 밤에 잠 못 이루는 것을 '불면증'으로 의식해 뒤척이지 않고,

인테리어 소품 디자인 등의 창의적 활동으로 버틴다. 영화에서는 이러한 내용이 대사나 나레이션에 나오지 않기 때문에 관객은 자신의 눈을 통해 들어오는 장면과 인물 주위의 배경, 소품 등을 주의해서 보고 즐기는 것이 필요하다. 버나뎃이 살고 있는 집은 오래된 건축물이지만 재건축이 허가되지 않는 기념물이기 때문에 비가 오면 습기를 흡수하도록 연필과 책으로 벽을 장식한 아이디어는 신선하고 놀랍다. 관객의 관찰력을 기대하는 고급스런 장면 연출이다. 원작에서 버나뎃이 자신의 콘테이너 작업실을 '쁘띠 트리아농'이라고 부르는데, 그 내부를 상상해 본다면 버나뎃이 한순간도 창작을 멈추지 않고 있었다는 걸 알 수 있다.

위기가 기회일 확률

실제 우리 삶에서 이 확률은 꽤 높을 거라고 확신한다. 평소에 넘지 못할 3m 담장을 위기의 순간에는 뛰어넘는달까. 20년 동안 문제의 장벽을 넘지 못하던 버나뎃은 가족을 위기에 빠뜨리는 일이 발생하고 정신병원에 갈 상황에 처하자 포기했던 남극 여행을 홀로 감행한다. 반목하던 오드리의 도움으로 무사히 탈출, 두려워하던 배멀미를 견디고 혼자 카약을 탄다. 이후로 일어나는 일들은 그대로 삶의 신비.

녹색건축운동에 해당하는 20마일 하우스가 한 남성의 힘에 허무하게 무너진 사건이 있은 후 버나뎃의 계속되는 유산은 오히려 휴지기를 만들어 창의적 작업(딸을 무사히 출산하고 키우는 일)에 몰두하게 하고 여성이며 한 개인의 삶을 일으키는 계기가 된다. 비

(엠마 넬슨)가 버나뎃의 뒤를 따라 거침없이 사다리를 오르는 장면은 사소해 보이나 이어지는 두 여성의 '숭고한 생명력'의 행보와 함께 의미심장한 해석이 가능하다.

"천재를 이해한다는 건 엄청난 일이거든." 남극의 차가운 바람과 시간의 여유 앞에서 비로소 엘지(빌리 크루덥)는 버나뎃의 고통스런 20년을 깨닫는다. 천재 예술가인 아내를 어떻게 도와야 하는 건지 몰랐다는 엘지의 고백은 사실적이다. 성공적인 활동을 할 때의 천재를 이해하는 일은 어렵지 않으나 활동이 중지된 천재를 범인은 이해할 수도, 도울 수도 없어 보인다. 버나뎃은 그런 이유로 자신의 힘든 상황을 누구에게도 말할 수 없었을 것이며 딸인 비(Bee, 별명)만이 어렴풋이 엄마를 이해하고 있을 뿐이다. 벌이 사라진 세상은 생각할 수 없으니 딸이 버나뎃에게 어떤 존재인가를 별명으로 나타낸다.

깊은 맥락의 소통

페미니스트는 환경 문제를 등한시할 수 없다. 페미니즘이 '자연의 일부'로서의 자각에서 정당성이 발현된 것임을 안다면 환경 문제 역시 미래 삶의 공동 과제임을 잊을 수 없기 때문이다. 환경 보존론자 아닌 페미니스트란 있을 수 없다.

자신이 나고 자란 마을을 아끼는 오드리는 왜 블랙베리의 뿌리를 제거해서 산사태가 일어나게 했나. 버나뎃에게 곱지 않은 시선을 보내는 오드리의 무례한 태도와 산사태가 일어난 '깊은 맥락'을 이해시키기 위한 '새삼스런 설명'을 무용하게 느끼는 버나뎃 사이에는 '불통'의 문제가 도사리고 있다. 버나뎃과 엘지 사이에서도 이 문제는 결정적인 위기를 초래하고 급기야 엘지는 버나뎃을 정신병원으로 보내려고 한다.

20년 전, 자신의 녹색 건축물인 '20마일 하우스'가 한 무뢰한 이 돈의 힘으로 파괴해버리는 것을 본 버나뎃은 무지한 권력과 돈의 폭력성에 절망한다. 30세 혈기 왕성한 버나뎃이 이웃(나일즈 밀즈머리)과의 사소한 불화를 유연하게 처리해내지 못한 결과로 일어난 사건인데 이것이 버나뎃에게 치유되기 어려운 수치심을 남기면서 광장공포증의 원인이 된 것이다. 원작을 읽고 싶어진 이유와 함께 비로소 공감이 형성되는 '깊은 맥락'이다. 버나뎃의 '휴지기'가 된 20년 세월의 이유 중 하나로서 천재를 이해하는 일만큼이나 이 영화의 어려운 대목이면서 케이트 블란쳇의 연기로 즐길 수 있는 지적 포인트이기도 하다.

낙천적 에코 페미니스트의 소명

천재가 모두 놀라운 결과물을 내는 것은 아니다. '계시'라고 부를만한 소명 의식이 영감을 떠올려 빛나는 아이디어를 생산해내고, 천재 특유의 낙천적 확신과 여기에 필수적 에너지인 지구력과 인내심이 보태져 때론 종교적 표현도 불사하게 한다. 성 버나뎃이 받은 열여덟 번의 계시, 오직 버나뎃의 눈에만 보이는 성모. 버나뎃의 태도로 진실임을 믿는 파이라말 신부(영화 〈성처녀〉에서)의 존재는 그래서 중요한 위치를 점한다.

버나뎃이 자신을 건축가라고 말할 필요가 없는 건 페미니스트라고 외칠 필요가 없는 것과 같다. 자신의 고향을 사랑하는 오드리가 '깊은 맥락'을 몰랐을까. 알기만 할 뿐, 실생활에 사용하지 못하는 건 의식을 방해하는 것이 있기 때문이다. 통화에 열중한 와중에도 카펫을 잘라 블랙베리 넝쿨을 잡아당기는 버나뎃의 행위의 유연성은 앎과 행동의 일치를 보여주는 아름다움으로 관객을 매료시키기에 충분하다.

낡은 공장 건물을 주택으로 재건축하고 반경 20마일(32km) 안의 재활용 쓰레기장에서 구한 자재를 가공해서 지은 '20마일 하우스'로 맥아더상을 수상하며 최연소 여성 건축가라는 명성을 얻는다. 그럼에도 버나뎃이 자신을 건축가로 고정하지 않는 것은 꿈에 도전하는 관객들에게 신선함으로 다가올 것이다. 아이디어의 실행을 위한 몰입의 시간, 버나뎃에게는 이것이 삶이요 꿈이다. 여러 차례 유산 끝에 얻은 딸의 이름은 비(Bee). 벌이 사라지면 인간도 살아남기 어려울 테니 비는 살만한 세상의 지표이며 이 세상에 꼭 필요한 존재로 살아가려는 버나뎃의 소명 의식이다.

〈비포 선라이즈 Before Sunrise〉의 감독답게 리처드 링클라이더는 진지함에 속도, 감성, 위트가 섞인 대사들을 잘 소화해 구성해 놓았다. 어느 순간, 자신이 있어야 할 곳으로 떠난 버나뎃의 설계로 기지가 완성된다. 남극의 풍력을 이용한 이동성과 각기 분리된 공간들의 호환성을 갖춘 이글루 형태의 기지가 서서히 움직이며 도킹하는 설원의 엔딩 장면은 에코 페미니스트의 창의적 문제 해결의 '영감'이 시각적 형태로 모습을 드러낸 결과물이다. "사람들은 남극에 가는 것이 아니다. 남극의 부름에 답하는 것이다."(앱슬리 체리 개러드, 『세계 최악의 여행』)

15
정이
JUNG_E

ⓒ 강지연

'정'이라는 정서가
AI에게도 가능한가

정(JUNG, affection)이라는 정서(emotion)

'어머니'라는 제목의 시를 낭송하다가 북받치는 감정을 누르지 못해 주저앉아 우는 몇 젊은이들을 본 일이 있다. 한 자리에서 여러 사람이 그랬는데 필자로서는 참 서운하고 야릇한 정서에 휩싸이던 순간이었다. '이미 어머니의 역할을 한 사람이라서'라는 내 감정에 대한 변명과 함께 그들의 감정이 신기했던 것도 분명하다. 받은 애정을 돌려줄 대상(자녀)이 아직 없는 사람들이라서 가슴에 차 있는 것이 눈물로 넘쳐 나온 것일까. '부모에게서 받아 자식에게 준다'는 말이 있다.

영화 〈정이〉의 우리말 제목만으로는 추론이 어렵지만 넷플릭스에 공개된 영문 제목(JUNG_E)을 보면 연상호 감독이 관객에게 의미 추론 게임을 제안하고 있다는 생각이 든다. 제목을 던져 놓고는 미로를 설정, 뻔히 보이는 길이지만 '감독의 문제의식'이라

© 강지연

는 시원한 출구가 보이지 않는 미로를 얼마간 헤매야 한다. 그러다가 상품명이기도 한 영문 제목을 다시 보면 영화 속 AI의 이름이라기보다는 AI도 인간과 같은 정서를 가질 수 있는지 묻고 있음을 본다 (JUNG_E). 인간이 있는 곳에 현실적으로 상존하는 신파적 요소가 미래를 배경으로 한 SF 영화 속에 있다 해서 이상할 것은 없다. 신파 자체가 불가해한 정서에서 비롯되는 한, 부재를 원해도 존재할 것이기 때문이다.

자의식 경험과 행동의 예측

복제 뇌를 장착한 안드로이드를 생산하는 회사 크로노이드의 AI 연구팀장 윤서현(강수연 분)이 받는 윤리 테스트의 항목은 '경험'에 관한 질문으로, 인간과 AI를 구분하면서 AI 연구원으로서 적합한 성향 여부를 테스트한다. 우수한 전투 용병이었던 어머니 윤정이(김현주 분)의 뇌 복제 연구를 하면서 긴 세월 동안 냉정을 유지해왔고 여덟 번의 윤리 테스트를 통과한 서현이 시한부 삶을 목전에 두고 일으키는 심경의 변화와 갈등은 윤리가 아닌 개인의 도덕 체계에서 일어나는 일이므로 해당 영역이 다르다. 경험(행동)을 묻는 테스트로는 예측할 수 없는 '미확인 영역'의 돌발 행동은, 두 개체 사이에 특별하게 존재하는 '정'이라는 정서가 원인일 수 있다는 것이다. 이 정서(emotion)가 인간의 고유물인지도 연구 대상이겠으나 '딸에 대한 기억은 다 지웠음'에도 불현듯 떠오른 '암묵적 기억(implicit memory)'이 가져다준 모녀의 특별한 애정 행위(부비부비)는 그래서 납득할 수 있는 일이다.

"팀장님, 윤리 테스트 어느 회사에서 받으셨어요?" AI 연구소장 상훈(류경수 분)의 질문은 테스트의 항목 혹은 항목에 대한 평가가 하나로 통일된 것이 아니라 '회사'마다 다름을 시사한다. 그 자체가 '인간'의 '다양성'이자 아직 '발견' 진행 중인 영역에 해당하는 일이다.

이 영화를 보는 내내 관객을 불편하고 우울하게 하는 것은 다름 아닌 관객의 '자의식'이다. 뇌 복제로 재생한 자신을 상상하는 일이 불가능할 뿐 아니라 자신을 능가하는 복제 인간을 상상하는 건 더 어렵기 때문이다. 상상도 경험의 산물이다.

20세기 공상과학 소설들이 오래전에 시작한 고민인, 인간과 로봇의 공존이 이미 현실이 됐는데도 인간은 AI보다 우위에 있다고 믿고 싶어 한다. 회장이 자신의 두뇌를 장착한 AI인 상훈을 '적당히 쓰다 버리는' 장난감으로 여기지만 상훈이 품고 있는 회장에 대한 남다른 애정이 그저 픽션(fiction)일 수만은 없다.

욕망과 죽음 사이에서 플래닝(planning)하는 인간

크로노이드 회장의 안드로이드인 상훈이 A 타입(인간의 권리를 지닌)이라면, 서현에게 윤리 테스트를 진행하고 죽기 전에 B 타입 뇌 복제 시술을 권하는 이 AI 의사의 모습이 바로 B 타입이다. 뇌의 활동만 있을 뿐 한 곳에 붙박이로 고정돼 공적 기능을 수행하는 AI. 과학자인 서현 역시 뇌 복제를 택할 경우 자신의 미래를 눈앞에서 보고 있는 셈이다.

복제 뇌를 의체로 옮기는 시술의 세 가지 선택지는 결국 현세 인간의 삶의 질의 복제와 반복이라는 아이러니와 냉소를 보여준다. 문명과 복지에 대한 냉소이기도 하다. 재생을 향한 욕망의 충족이라기보다는 경제력에 따라 이미 정해져 있는 길 혹은 확실한 죽음이 '선택'일 수는 없다. 반면 딸의 삶을 위해 자신의 삶과 죽음조차 포기(C 타입, 복제 뇌의 상품화)한 어머니인 정이에게 '딸에 대한 기억이 삭제'된 자신만의 삶을 돌려주는 일은 서현이 인간다운 '플랜'으로 행한 '선택'이라 할 수 있다. 이것은 관객의 상상력 안에서 공감이 가능한 일이므로 비로소 안도하게 된다.

희망의 서사는 관객의 몫

아버지의 부재, 성(윤)이 같은 모녀, 엄마를 해방시키는 딸이라는 상황의 '통일성'은 페미니스트 시각을 전제한다. 동시에 영화가 끝나는 순간, 관객으로 하여금 탈출한 정이 AI에게는 모종의 눈부신 활동과 흥미로운 일상, 나아가서는 사회 공익을 우선하는 AI 개발 회사 등등 여운과 아쉬움, 기대를 갖고 일어서게 한다.

이른 나이에 아쉽게 떠난 배우 강수연을 위해 서둘러 한 편을 찍어야 한다는 생각을 했다 하더라도, 어렵지 않은 메시지를 들고 관객에게 다가와 대화를 청하는 감독이 친근하다. 뛰어난 배우들이 인간 내면에 대한 연구와 상상력으로 캐릭터를 표현해내고 감독은 시나리오의 아웃라인 밖으로 나가지 않게 재능껏 통제하는 게 영화 작업의 기본 틀이라면 〈정이 JUNG_E〉는 흥미를 일으키기에 적절하다.

크로노이드 회장의 성격이 과장돼 있지 않기 때문에 안드로이드인 상훈은 그래서 조금 부족해 보이는 모습이 자연스럽다. 회장 자신이 상훈에게 애정을 갖고 있지 않은 것, 상훈이 회장에 대한 과잉 애정으로 서현 모녀와 대적하는 씬은 복제 뇌로 태어나는 안드로이드에게 연민마저 느끼게 한다. 21세기의 사분의 일이 지나가고 있는 지금, 인간과 AI의 공존의 문제가 동시대인들의 현실적인 문제임을 떠올리게 한다.

2023년 5월 여성신문

© 정보영

16

가재가 노래하는 곳
Where the Crawdads Sing

문명과 자연, 법과 도덕 사이

명징한 사고와 선택의 무게

문제의 핵심에 닿기 위해서 우리는 본능적으로 자신에게 가장 익숙한 도구를 사용하게 되니 누구나 자기 삶에는 장인이다. 재능을 구성하는 요소들이 작동해 막다른 골목까지 사고력을 펼치고 그곳에서 고독한 자신과 마주하면서 역설적인 평화를 느낄 때 인식의 드넓은 평원이 활짝 펼쳐진다. 그래서 카야의 숲(습지)은 타인이 침해할 수 없는 외로운 공간에 구축된 자기 보호를 위한 최후의 보루다.

"나는 유죄일 수 없다." 시각적 움직임이 없다고 느껴지는 책 속 문장과는 달리 영상과 음성으로 전달되는 영화 속 대사들은 준비된 도구를 동원한 즉각적이고 첨예한 집중이 요구된다. '죄를 짓지 않았다'는 게 아니라 '법적 처벌을 받을 수는 없다'는 말이다. 법과 도덕에 관한 인식 능력으로 해석을 끝낸 이성의 언어를 즉시 이해하기란 쉽지 않다. 동물학자이며 환경 운동가인 델리아 오언스의 동명 소설 원작의 영화 〈가재가 노래하는 곳〉이 보여주는 서늘한 인식의 은근하고 불편한 자극이다.

자연과 문명

20세기 중반 노스 캐롤라이나 바클리 카운티에서 마을 청년 체이스(해리스 디킨슨)가 살해된다. 범인으로 지목되는 17세 카야(데이지 에드거존스 분)는 8세 이후 홀로 살아온 독거 소녀인데 이름이 있음에도 사람들은 '습지 소녀'라고 부른다. 인간의 문명인 '이름'을 부르는 행위가 갖는 '존중'의 의미를 작가가 특별하게 인식하고 있음을 본다. 예술과 자연을 사랑하는 어머니에게서 물려받은 재능으로 카야는 습지 동물을 관찰하고 그림을 그린다. 2차 대전이 끝나던 해, 상이군인으로 돌아온 아버지는 아내와 자녀에게 무차별적 폭력을 일삼는다. 여덟 살이 되던 해 어머니를 비롯해 가족이 모두 떠난 집에서 아버지와 둘이 살게 된 카야는 본능적으로 아버지의 폭력을 약화하는 방법을 터득하게 되고 어느 날 아버지도 사라진 집에서 홀로 생활한다. 전쟁의 상흔 혹은 개인의 상처가 타인에게 행하는 폭력의 이유로 정당한지, 작가 혹은 감독은 단편적인 장면으로 묻고 지나간다.

우리나라가 6.25 전쟁과 폐허 복구라는 국가적 불행에 눌려 있던 20세기 중반, 평화로운 사회를 살아가던 서구 유럽에서는 여성의 사회 참여 욕구와 페미니즘이 거세게 일어나던 시기라는 점에서 주목할 만하다. 그러나 그런 욕구는 보이지 않는 곳에서 거듭 무시됐을 뿐 시대를 막론하고 '존재'해 왔다. 영화는 바로 이 '존재'를 자연의 일부로서, 불안한 '문명' 속 '여성'의 생존의 문제를 생물학적 이해를 통해 단호하게 떠받친다.

"이런 일은 나보다 너한테 더 위험한 일이야." 남성인 테이트(테일러 존 스미스 분)가 카야의 신체적 여성성을 보호하려 하는 태도는 명백한 생물학적 통찰에 근거한다. 카야의 동산에 들어오는 두 남자 중 하나인 체이스는 불안정한 자아와 부모의 부정적 영향력으로 자신의 모습을 순수하게 구현해내지 못하는 '문명의 불안'(프로이드)을 드러낸다. 어린 시절부터 습지를 놀이터 삼아 성장하고 생태학자가 되는 테이트는 카야처럼 자연에서 습득한 지식을 근거로 이해력을 증진시킨다. 반면 체이스는 돈이 많으나 불안정한 정신을 지닌 부모로 인해 침식되고 부모로부터 벗어나지 못하면서 생태계의 포식자로 전락한다.

악인과 포식자

카야가 사건의 피의자로 등장함으로써 대개의 영화처럼 관객은 정반대의 결말을 예상하지만극적 반전이 이 영화의 가장 우수한 부분이다. 카야의 사후 노년의 테이트는 카야의 유품인 동물도감에서 체이스의 얼굴과 가리비 목걸이(카야가 선물한)를 발견한다. 체이스는 생태계의 '포식자'로 명백히 자리매김이 돼 있었다. 이유 없이 계속되는 남편의 폭력이라는 환경에서 어머니가 생존을 위해 떠나는 것처럼 카야도 체이스를 떠나려 하지만 사고 능력을 상실한 포식자는 먹잇감을 놔주지 않고 쫓아다닌다(*Chase). 어린아이의 기억에 저장된 아버지의 폭력이 어머니의 가출 이유로 충분하지 않은 것은 이해할 수 있는 일이다. 경험과 기억의 해석은 성년이 된 이후에야 가능하기 때문이지만 어린 카야의 인식 능력으로 자리잡은 의문이 생물학적 해답을 구한다는 것이 이 영화가 지닌 특이점이다. 생물학의 세계에서 왜 어미가 자식을 떠나는가. 평이해

보이는 의문이지만 여기에 여러 가지 답이 가능하다.

    선악의 인식 능력은 인간 세계의 문명의 소산이기 때문에 자연에 선악이 존재하는지 인간은 알 길이 없다. 이유 없이 폭력을 행사하는 인간을 작가가 생태계의 '포식자'로 인식하면서 여기에 인간의 '법' 적용이 가능하지 않다고 보는 이유다. 카야는 '껍데기' 속으로 들어가 자신을 스스로 보호하기를 선택한다.

    "그 결정으로 판단하는 건 내가 아니라 자기들 자신이죠." 카야를 위해 나서는 변호사를 포함해 카야를 둘러싸고 있는 사람들이 하는 말이 타인이 아닌 자신을 판단하는 말이라는 건 언어에 관한 카야의 통찰을 보여준다. (추상적인)표현의 도구인 '언어'를 가진 인간의 숙명적 표현 욕구 역시 모호한 추상성 안에 갇혀 있다. 그 추상성이 안전을 보장하지 못할 때 본능이 지시하는 방어막(껍데기) 안에 자신을 숨겨 생존하는 것은 카야가 자연을 대표하는 습지에서 깨달은 일이다. 카야는 자신이 '체이스를 죽이지 않았다(거짓말)'고 말한 적이 없다. '환경(circumstance)'에 대한 해석의 문제는 동서고금을 막론하고 개인이 봉착하는 최종적 물음이다. 자연에 속한 생명체는 본능적 판단에 따라 선택하고 행동하며 책임질 뿐이다. 의지와는 무관하게 태어나 홀로 죽음을 맞이해야 할 운명인 생명체가 공통으로 짊어진 실존 상황이다. 소리도 내지 못하는 줄 알았는데 '노래를 하는' 가재의 메타포다.

17
퍼펙트 데이즈
Perfect Days

침묵과 배설의 균형

소설 읽기

문학이 영혼의 고양 과정을 거친 승화된 형태의 배설이라고 단언할 때, 배설하지 못한 채 지니고 사는 인간에게 타인의 배설이 주는 카타르시스는 문학을 포함한 예술의 근원적 목적에 이르게 한다. 어떤 형태로든 배설의 생리를 거쳐야만 인간은 생존할 수 있기 때문이다. 영화 〈퍼펙트 데이즈 Perfect Days〉의 히라야마(야쿠쇼 코지 분)는 매일 밤 소설을 읽다 잠이 든다. '문학작품의 탐독'이라는 간접적 배설이 히라야마의 삶에서 만드는 결과물을 바라보는 노감독 빔 밴더스의 시선을 따라가 볼 만하다.

W. 포크너의 『야생 종려나무 The Wild Palms』가 한국에서는 1958년에 번역 출간된 책이므로 히라야마는 소년 시절에 읽은 책을 다시 읽는 것으로 보면 좋을 것이다. 히라야마의 꿈은 고양된 정신의 간접적 배설로 하루를 마친 사람이 만족스런 잠에 빠져 기억의 재생산을 통해 자신의 소망을 점검하는 일이기도 하다. 따라서 매일의 한결같은 침묵은 이런 배설이 가져온 '청결한' 결과로 보인다.

눈물, 비탄의 배설

어느 날 저녁 불쑥 찾아온 여동생의 딸 니코(나카노 아리사 분)에게 자신의 단칸방을 내어주고 좁디좁은 창고 방에서 불편한 잠을 자면서 히라야마는 여전히 그날 하루의 꿈을 꾼다. 화장실을 청소하는 삼촌의 모습을 존경 어린 미소로 바라봐주는 니코와 주말에 들르는 작은 식당의 여주인은 히라야마의 나무들처럼 여리고 고운 존재다. 공원에서 어쩌다 발견하는 어린 묘목을 가져와 매일 아침 물을 주며 키우는 것도 젊은 영혼들을 보호하는 행위와 일맥상통한다. 80의 나이를 목전에 둔 감독이 소망하는 미래 지향, 삶의 진수일 것이다.

"이젠 그러지 않으실 거야." 여동생이 찾아와 지난 시절 히라야마에게 부친이 가했을 모종의 폭력을 시사하는 대사다. 히라야마의 성장 과정에서 아버지가 어떤 역할을 한 것인지 상상해보는 것은 가출한 니코의 대사를 통해서도 가능하다. "빅터처럼 될지도 몰라." P. 하이스미스(미국 범죄소설작가)의 단편소설 속 인물의 이름을 이용해 말하는 니코에게 "안 돼. 그런 말 하지 마." 하는 히라야마의 단호한 대사로 관객은 유추해본다. 부모 역할의 과오로 인해 생긴, 부유해 보이는 여동생과의 삶의 간극과 '서로 다른 세계'라는 체념의 언어 속에 가라앉아 녹아 사라진 부모의 존재가 히라야마에게는 깊은 슬픔일 뿐이다.

동생을 보내고 히라야마는 비탄의 눈물을 쏟는다. 묘하게도 이 폭풍 같은 오열 씬에서 관객은 기다란 대사만큼 쉽게 히라야마의 스토리를 들으며 함께 운다. 늦게라도 이루어지는 비탄의 배설은 계속돼야만 하는 인생에서는 적시에 이루어지는 고통의 배설이야말로 정신 건강에 필요한 생리적 행위다. 따라서 그날의 꿈도 여전히 떠나가는 동생 차의 헤드라이트 불빛(현재)만이 짧게 등장한다. 작별은 건강한 배설이다.

침묵

"이런 데서 사는구나.", "진짜 화장실 청소 일 해?" 여동생의 조용하나 경멸을 숨기지 못하는 말과 끊임없이 쏟아지는 젊은 직원 다카시(에모토 토키오 분)의 의미 없는 수다는 관객에게 일상적인 말들 속에는 '할 만한 말, 꼭 해야 하는 대답'이 별로 없다는 생각을 하게 한다. 말과 트림 등, 입에서 나가는 것들이 의지로 통제 가능하다는 점을 생각할 때, 정제된 언어와 청결한 행위는 신체적 침묵과 정신적 배설의 적절한 균형에서 온다. 히라야마의 침묵 씬이 처음에는 극적 의도로 보이다가 점차 관객에게도 가능한 것으로 보이기 시작한다. 공포감을 주는 배설 같은 말보다는 굳건한 침묵이 더 빛나는 언어일 때가 많다. 삶의 어떤 날들을 되돌이켜 보다가 불현듯 정신이 정화되는 느낌은 꽤 상쾌하다.

여동생과의 마지막 인사 같은 힘찬 포옹과 식당 여주인의 전남편에게 제안하는 그림자놀이는 침묵으로 일관하는 히라야마가 보여주는 도전과 실천의 단호함이다. 그는 여동생과 조카가 그들의 세계에서 잘 살아가기를 바란다. 또한 곧 생을 마감할 사람이 무엇이 두려워 궁금한 것을 알아내려는 시도조차 못 하는지 안타까운 것이다. 두 그림자가 합쳐지면 색이 변할 것이라고 막연히 생각하게 된다. 다시 말해, 특별한 동시대인들은 서로에 대한 영향력이 있었기를 바라게 된다. 히라야마는 그의 마음을 읽어내고 공감해준다. 그러나 세계는 무심히 존재하고 잠시 머물다 가는 존재일 뿐인 인간은 고독을 끌어안아야만 한다는 것을 두 남자의 그림자놀이, 해 진 저녁, 흑백의 미장센으로 덤덤하게 그려낸다.

빔 벤더스 감독의 의지 가운데 단연코 기분 좋게 돋보이는 것은 '어른의 침묵'이다. 돌보지 않으면 죽어버릴 수 있는 어린나무를 가져다 키우고 젊은이들에게는 상처를 주지 않기 위해 침묵으로 인내한다. 어른이고 부모이면서 실체는 아닌 사람들을 경험하면서 바람직하지 않은 방향으로 진화하는 사람들을 그는 계몽하고 싶어 한다.

화장실 문화의 실천

도쿄의 공중화장실을 청소하는 용역회사의 직원인 히라야마는 매일 똑같은 일상을 반복하지만 관객은 그 매일이 마치 새로운 하루인 것처럼 느낀다. 골목을 청소하는 여인의 빗자루질 소리에 눈을 뜨고 심호흡과 함께 자리에서 일어난다. 세면대이기도 한 싱크넷과 얼굴의 일부분을 간신히 비추는 조각 거울 앞에서 면도하는 모습은 다른 디테일들과 함께 미니멀 라이프 혹은 수도승을 연상시키지만 '그래도 되지 않나' 하는 공감에 개운하다. 다 버리고 저렇게 단순하게 살면 좋겠다고 생각해보는 것이다.

도쿄 올림픽을 위한 화장실 프로젝트로 완성된 아름다운 화장실들은 분명 이 영화에서 덤으로 즐길 거리다. 그러나 이런 프로젝트가 아니어도 필자는 꽤 오래전 아소산 입구에 있는 화장실의 독특한 디자인에 경탄했던 기억이 있다. 막 닦아놓은 변기에 취객이 비틀거리며 급히 들어와 배설하는 모습에 미소 짓는 히라야마는 사찰의 '해우소'와 오버랩되면서 생리적 욕구의 깔끔한 해결과 자기 존중감의 연관성을 떠올린다. 생에 대한 노 감독의 달관한 모습과 전달하고자 하는 메시지가 굵직하다.

18
남아 있는 나날
The Remains of the Day

ⓒ 양송희

내 삶의
주인이 되는 일은 어려운가

나는 누구인가

꽤 오래전부터 팽배해온 사고 가운데 하나로써 개인을 고통스럽게 하는 게 있다면 '나'를 생각하는 일은 무용하고 이기적이라고, 세상이 개인에게 은근히 강요한다는 것이다. 그러나 자신의 내면을 탐구하는 사람과의 대화에서 즐거움과 매력을 발견하는 일은, 기쁨을 추구하는 과정에서 그리 드물지 않다. 이런 사람은 동시에 상대의 내면에도 관심이 있을 테니 곁에 두고 싶은 존재의 필요 요건이다. 이런 순간의 '정상적인 대화'가 만드는 유쾌함은 삶에 팽팽한 에너지를 불어넣는다.

ⓒ 양송희

집사

우리 문화에서 집사는 어떤 사람에 해당할까? 조선시대 '마름' 정도일까. 현대에 와서는 재벌가에서 숙식하며 집 전체를 돌보는 사람인데 버틀러에 해당하는 뚜렷한 명칭은 없고 그대로 가져다 사용하는 것 같다. 그래서 집사(butler)는 영국 문화의 특이한 일면을 대변한다. 영화 〈남아 있는 나날〉의 원작자(가즈오 이시구로)가 어린 시절 귀화한 일본계 영국인이라는 점에서 이방인의 눈으로 특이한 문화의 재해석이 '은밀하게' 진행되고 있음이 흥미롭다.

스티븐스(앤서니 홉킨스 분)는 아버지 대부터 2대에 걸쳐 달링턴 저택의 집사직을 수행하고 있다. 스토리의 시작 부분에서는 달링턴 저택과 엘리자베스 시대의 초상화 등을 경매를 통해 사들이는 미국 상원의원이며 백만장자인 루이스(크리스토퍼 리브 분)의 모습을 보여준다. 오래전에 저택을 떠난 미스 캔튼(엠마 톰슨 분)이 스티븐스에게 보낸 편지의 나래이션이 겹치며 과거를 상상하게 한다. 달링턴 저택이 분해될 위기를 면하는 데 미국 정치인의 힘이 있었다는 뉴앙스가 역사의 냉엄한 흐름 혹은 헐리웃 영화임을 상기시킨다. (원작에서는 패러데이라는 인물이고 직업도 나오지 않는다.)

현재의 시간은 1956년. 주된 스토리의 시간적 배경은 일차 세계대전이 끝나고 이차 세계대전이 발발하기 전이다. 신임 총무로 온 미스 캔튼은 세대 차이로 보일 수도 있는 당당함과 당돌함으로 스티븐스를 때로 당혹하게 한다. 공적인 일 처리나 대사 속에 드러나는 사적 관심에 있어, 미스 캔튼은 항상 명징한 사고력을 유지한다. 집사 일의 위엄(dignity)을 운운하며 직업의 테두리에 갇힌 스티븐스와는 달리 캔튼의 사고는 유연하다. 스티븐스의 집무실에

꽃을 가져다 놓으면서 자연스런 관심을 표현하지만 지나치리만치 방어하는 스티븐스는 냉정(calmness)과 무딤(dullness) 사이의 모호함(ambiguousness)으로 영화가 끝날 때까지 관객의 판단을 보류시킨다.

공(전문가)적 실존과 사적 실존 사이

집사의 역할에 편집적인 스티븐스는 자신이 유지하고 싶은 전문가적 실존이 '아버지'라는 사적 실존 앞에서 혼란을 겪는다. 이때 연장자의 옹고집 혹은 상사의 권위로 버티려는 모순을 보이지만 캔튼의 명징한 사고력과 당당한 태도가 이를 무력화시킨다. 캔튼의 태도를 받아들이지 못하는 무의식이 기억을 혼미하게 한다는 것마저 알고 있는 스티븐스의 냉정함은 책임감이 아닌 억눌려 무디어진 감성에서 비롯된 것임을 드러낸다. 떠나버린 어머니와 집사 일에만 충실했던 아버지로 인한 성장 과정에서 보이는 맥락은 아버지와 캔튼에게 정서적 반응을 보이지 않는 모습으로도 연결된다. 영화에서는 어머니에 대한 잠깐의 언급이 있었기에 가능한 일이고 원작에서는 전혀 이해되지 않는 부분으로 남아 있다.

총무직을 수행하는 캔튼은 스티븐스의 아버지(Mr. 스티븐스)의 실수에 대해 우려하면서 실질적인 의견을 내고 실행에 옮길 것을 촉구하지만 스티븐스는 받아들이지 않는다. 부하 직원의 의견을 무작정 무시하려는 관료주의로 치부해버릴지 관객을 혼란스럽게 한다. 사적 감정을 드러내지만 스티븐스의 무딘 감성은 캔튼의 말을 이해하지 못한다. 결국 연모의 감정이 없는 남자와 결혼해 떠나버릴 생각을 말하지만 이조차 무심하게 듣는 스티븐스로 인해 캔튼은 오열한다. 동시에 캔튼의 결혼 얘기에 당황한 나머지 와인 병을 깨뜨리지만 자신의 내면을 인지하지 못하고 오히려 울고 있는 캔튼에게 치우도록 지시하는 장면에서는 관객도 황당하다.

쓸모 있는 사람

　지시받은 일은 철저하게 실행한다는 점에서 스티븐스는 성실한 직장인이다. 그러나 달링턴의 대자인 미스터 카디널(휴 그랜트 분)도 의아하게 여기는 점이 있다. 가장 가까이 있으면서 국제 정치판에서 이용당하는 달링턴의 판단력에 도움을 주지 못하고 있다는 것. 더불어서 미스 캔튼을 향한 자신의 마음을 명확히 인지하지 못하는 점은 '무디고 개성 없는' 인간을 바라보는 작가와 감독의 숨은 냉소를 대변한다. 독자도 관객도 알아내기 어려운 스티븐스의 내면적 결핍을 감지해보면 작가가 맨부커상을 수상한 중요한 이유가 여기에 있을 것으로 추정된다. '딸이 시집간 후로, 예측할 수 없는 인생을 어떻게 보내야 할지 막막한' 캔튼이 '쓸모 있는' 사람으로 살고 싶은 소망을 가지고 만나러 왔음에도 기차의 마지막 칸에서 '마지막 기회'가 사라져 또다시 울고 있는 것은 서글픈 일이다. 이 장면 역시 명확히 해석해내기가 쉽지 않다. 원작을 읽어보면 영화보다 선명하게 주제가 보인다. 패러데이(영화에서는 루이스)가 스티븐스에게 자신의 차를 빌려주고 여행을 권하면서 '자신이 태어난 나라도 둘러보지 못한다는 건 문제가 있는 것이다'라고 콕 집어 말한다.

70세의 스티븐스에게는 소망이 아예 없거나 아직도 '미루어 둘' 일이며 버릇처럼 남(주인)을 위해서만 삶이 존재하는 것 같다. 남아 있는 나날이 지난 삶의 습관이라는 숙명 속에 있어도 괜찮은가를 자신에게 묻지도 못한다. 이 영화와 소설은 쓸모 있는 인간이 지닌 자존감의 원천인 '소망'의 정체를 생각하게 한다.

위대한 작은 농장 The Biggest Little Farm

나이애드의 다섯 번째 파도 Nyad

더 와이프 The Wife

다음 소희 Next Sohee

드라이브 마이 카 Drive My Car

완벽한 가족 Blackbird

시대 정신

19
위대한 작은 농장
The Biggest Little Farm

ⓒ 박정인

© 박정인

목적 있는 유기체들의 욕구와
공존, 시대 정신

시대 정신

기후와 환경의 이슈는 21세기 시대 정신의 최전선에 있다. 그런 의미에서 다큐멘터리이면서 유연한 영화적 유머 감각을 장착한 이 영화는 관객을 위해 다큐와의 경계를 품위 있게 넘나들며 감상의 즐거움을 선사한다.

"뱀 없어요?" "왜 없겠어요. 있을 건 다 있겠죠." 과수원을 사서 지은 필자의 집을 방문하는 사람들과 나는 종종 이러한 대화를 나누게 된다. 필자가 도시에서 나고 자랐음에도 부분적으로나마 '농업'에 종사할 수 있는 마인드 역시 유기체의 '목적 있는 삶'의 의미와 함께 형성되어 있다. 이 땅의 생명체들이 나보다 앞서 이곳에 살고 있었다는 생각도 일시적 로맨티시즘이 아닌, 나 역시 자연의 일부임을 의심 없이 받아들이는 타고난 재능 탓에 농장의 과수에 필요한 일도 때를 놓치지 않으려고 노력한다.

'생태계를 최대한 모방해야 한다' '예전에는 못 본 것들이 보일 것'이라는 앨런 요크(전통 농법 전문가)의 확신에 찬 말은, 자연의 힘을 얻어 타는 서핑에 비유해서 자연농법을 쉽게 표현한다. 자연 생태계를 최대한 모방해서 다양한 식물군, 다양한 동물을 키우는 것은 유토피아라도 만드는 일처럼 보이지만 꿈이 의지로 변환되는 순간 길도 열리는 인간의 일에 대한 확신, 생태 인문학의 시각적 확인이다.

〈위대한 작은 농장 The Biggest Little Farm〉에서는 세계의 야생동물을 찍는 카메라맨인 존 체스터와 개인 요리사인 몰리 체스터 부부가 버려진 24만 평의 농장을 생명력 넘치는 곳으로 재탄생시키는 7년간의 기록을 담은 것인데, 위대한 문학작품에서나 경험하는 철학적 울림과 벅찬 확신까지 선사한다. 농사짓는 방법에 따라 건강한 음식이 결정된다는 과학적 사고를 장착한 몰리 체스터와 자신들의 영역에 서식하는 야생동물을 찍는 존 체스터(감독) 부부가 안락사 위기에 처한 개(토드)를 키우게 되면서 농장으로 이주하는 실제의 삶이지만 관객에게는 '영화'일 것이고 눈이 시원한 '그림'이다.

아파트 베란다 농장이라는 주부들의 흔한 소망에서부터, 닿을 수 없는 우주의 별들과의 공존에 이르는 의식의 확장은 관객에게 '잘 이해되지 않는 개념'일 수 있으나 엄연한 팩트임을 넌지시 짚는다. 야생동물을 찍느라 카메라를 설치해 놓고 밤하늘을 수없이 올려다보며 범우주적 사색의 기회를 가졌을 감독의 모습을 그려보면 인간 의식의 위대함에 대한 경외감으로 전율을 느낀다. 절제된 영화적 요소들이 지루함의 선입견을 없애 겸허한 감상을 해보도록 유도하는데, 따라 해볼 수 없는 그들의 실제 삶을 대할 때에는 '예술이다' 외치게 된다.

관찰과 활용

첫 장면은 산불이 났다는 뉴스 속보와 연기 속에서 무전으로 송신하며 피신할 준비를 하는 몰리의 모습으로 시작한다. 자연과의 공존이 관객의 로맨티시즘을 깨는 것부터 하겠다는 확신인데 혹독한 자연이 '싸울 대상'이라기보다는 공존이 과정에서 기꺼이 겪어내야 할 '어려움'을 실제 경험으로 느끼게 한다. 돼지의 출산을 돕는 존 체스터, 몰리의 포장되지 않은 즐거운 표정에서, 누구나 느끼며 살면 좋겠다 싶은 삶의 생명력이 전해온다. '제5의 계절'이라고 부를 정도로 특별한 시기에 불어오는 세찬 바람 속에서 동물들을 안전하게 이동시키고 침착하게 대처하는 농장 구성원들의 모습은 농업 종사자들에 대한 극적 경외감을 불러일으킨다.

'관찰'은 삶의 근원이다. "잘 관찰하다 보면 활용할 수 있게 되고, 제대로 할 시간은 부족해도 다시 할 시간은 늘 있는 법이니 해보는 것은 항상 중요하다." 멘토와 멘티의 생각이 결합한 결과물 같은 이 생각이 영화 전체를 관통한다. 세밀하게 들여다보는 객관의 의지는, 자연의 생리를 관찰, 활용하는 '응용 생물', 자연농법(natural eco-farming)이 함의하는 복잡성과 다양성의 원리가 인간을 포함하는 우주적 순환에 관한 생명력 넘치는 사유를 체험하게 한다. 가족이 된 토드의 푸른 눈을 통한 관찰과 응시의 시선으로 '목적 있는 삶'을 기억하도록 스스로 부추기는 영화적 요소 또한 지적 매력이다.

의존 아닌 공존

암으로 투병 중이라는 걸 숨긴 채 멘토가 돼주던 앨런이 고인이 되자 체스터 부부는 의존에 따르는 분노와 절망에 휩싸이지만 앨런의 가르침을 시각화된 자신의 언어로 재생산해낸다. 코요테, 들쥐, 달팽이 등 연쇄적으로 발생하는 문제들에서 한 걸음 물러나 관찰하면서 서서히 생태와 공존의 의미를 깨닫고 '실패에서 드러나는 문제들 덕분에 생태계가 다시 힘차게 돌아간다'는 도덕적 문구조차 새로운 공감을 불러일으킨다. 정신과 육신의 에너지를 모두 사용하는 능력이 필요한 조화로운 일상이 '지속 가능성'으로 이끌어 꿈을 실현하고 '행복 추구'라는 인간 삶의 목적을 확신하게 한다. 의존이 공존으로 바뀌는 순간이다.

'린넨 옷과 샌들'이라는 앨런 요크의 의상에 대한 한 줄 나래이션은 천연섬유와 단순한 의상이 주는 쾌적함으로 최소한의 소비와 자연농법을 연결하는 시(각)적 메타포다. 단순한 삶의 찬미를 '단순하게' 하기는 어려우나 준비된 자를 향한 단순한 언어는 행동을 위한 명확한 지침이 된다. 원제 The Biggest Little Farm이 시사하듯 전통적인 농법으로 운영되는 24만 평 농장의 수확량은 파도타기처럼 모험적이고 흐름에 맡기게 되지만 역동적이며 분명한 목적을 향해 갈 것이다.

20
나이애드의 다섯 번째 파도
Nyad

© 설귀정

60대의 나,
20대의 나에게서 답을 얻다

나는 한계를 넘는다, 고로 존재한다

 필자가 흠모하는 소설가 이청준을 소환해보자. 출중한 소설가인 그의 작품을 열 편 이상 읽었음에도 그가 그리도 많은 소설을 쓴 줄은 몰랐다. 대학 시절 뜨거운 여름의 어느 날, 단편「선학동 나그네」를 읽고 그 아련함과 아름다움에 취해 정처 없이 떠났던 남도 여행도 그가 이끈 것이었다. 작열하는 태양 아래를 걷고 또 걸으면서 남도의 끝 지점인 회진까지 갈 수 있었던 것은 지금은 연락이 끊어져 볼 수 없는, 그때 동행한 '친구'가 있어서였다. 홀로 고독을 이기면서 한 일은 아니었다. 분명한 것은 그때도 무언가 의미를 찾아 헤맸고 거기에 있었던 자존의 모습으로 지금도 여전히 살고 있다.

 영화〈나이애드의 다섯 번째 파도 Nyad〉에서 그다지 특별한 예술적 대사는 나오지 않는다. 쿠바에서 플로리다(하바나에서 키웨스트)까지 165km를 60시간 동안 마라톤 수영을 한 실존 인물의, 한계를 넘어선 이야기에는 관객의 삶을 끌어올리려는 교육적이고 계몽적인 대사들이 거듭 등장한다. 따라서 이 대사들이 진부함을 넘어 개인의 삶의 열쇠인 듯 꿰어 맞춰볼 생각이 있는 관객에게는 자못 의미가 지대하다.

ⓒ 설귀정

　평범을 거부하는 마라톤 수영선수 다이애나 나이애드는 작가, 언론인, 동기 부여 연설가라는 다채로운 직업을 가지고 있다. 64세의 나이에 젊은 날 성공하지 못한 도전을 다시 시작한다. 에너지를 일으키기 위해 유능한 코치인 친구의 눈치를 살피고, 어머니의 유품에서 찾아낸 메리 올리버(Mary Oliver)의 시구를 읊조리며 자신이 추구하는 것의 정체를 확인하려 한다.

"격정적이며 귀중한 한 번뿐인 삶을 어떻게 쓸 것인가?"
"다이아몬드는 단단하게 붙어 있는 탄소의 덩어리일 뿐이다."
격언이나 잠언 같은 이런 문구는 '재미'와는 거리가 있지만 픽션으로도 작가의 상상력의 리얼리티에 따라 크고 작게 공감하며 감동을 느끼는 관객에게 하물며 실화는 전율에 가까운 고강도의 영향력을 행사한다.

첫 장면에서부터 '정체된 삶이 정상인 것처럼 행동해선 안 돼'라며 친구인 보니(조디 포스터 분)를 채근한다든지, 보니가 우월감 콤플렉스라고 비꼬자, '사람은 우월감 콤플렉스를 갖고 살아야 한다'며 '자기 인생의 스타처럼 느껴야 한다'는 등, 당당한 대사들이 쉴 새 없이 등장한다. 무모해 보이는 도전의 의미에 대해 '깊은 감정과 관련된 복잡한 문제'라고 대답하는 장면에 이르면 비로소 관객이 영화의 가볍지 않은 주제를 감지하게 된다. 이 관객은 필시 죠디 포스터와 아네트 베닝이라는 캐스팅만으로도 이 영화가 예사롭지 않음을 직감했을 것이다.

이제 불편함을 견디며 십 대 성폭력 문제를 바라보는 감독의 시선을 따라가 본다. 가해자 처벌도 중요하지만 그것만으로 해결될 수 없는 피해자 치유의 문제는 복잡하고 깊은 감정의 문제임을 표현해보려고 애쓴다. 내가 달리 무엇을 했어야 하는가. '적극적으로 (힘껏) 저항하고 도망쳤어야 한다'는 회한과 수치심이 64세 다이애나를 괴롭힌다. 몸의 기운을 일으켜 외부의 폭력을 이겨내려는 의지가 이러한 10대에 겪은 치유에 힘을 싣는다. 학교폭력 역시 이와 유사한 피해자를 낳는다. 그래서 가해자 처벌이 기본 사회법의 '의무'로 실행돼야만 한다.

폭력의 형태는 다양하다. 다이애나는 동의나 합의를 하지 않은 상태에서 강압적 힘에 상징적으로 자연의 위력까지도 포함해서 극복을 향한 냉철한 의지를 표출하고 있다.

10대 성폭력과 피해자 생존의 문제
시간을 공간으로 인식하기

영화 〈나이애드 Nyad〉에서 가장 인상적인 장면을 찾아보자. 다이애나 나이애드가 28세 때 인터뷰하는 자신의 영상을 보다가 화색이 만면하여 눈을 크게 뜨는 장면이다. "더는 불편함을 느끼기도 싫고, 지루함과 구토와 추위와 고생하는 시간도 싫은데 이걸 하지 않으면 자존감을 잃을까 봐서요. 자긍심이 더 낫겠네요. 정신적으로 패배감을 느낄 것 같아서요." 이 자긍심은 정신적(mentally)인 것만이 아닌, 신체와 관련한(fleshly) 것임을 명확하게 강조하고 있다. 이 과거의 인터뷰는 다이애나를 다시 젊은 날로 데려가 지금과 합체시킨다. 변함없이 기억하고 아직 노쇠하지 않은 자신에게 '현재'는 시간이 아니라 벗어나서 자신의 의지대로 만들어야만 할 '공간'이다.

십 대 시절, 수영 코치에게 당한 성폭력 사건은 다이애나 삶의 일부를 손상된 채 치유되기 어려운 상태로 남겨놓는다. "문득 그때가 생각나면 나는 열네 살이 돼." 성인이 된 이후 그 코치를 언론을 통해 당당히 고발했지만 적절한 처벌을 받지 않은 채 오히려 코치의 이름이 사후 명예의 전당에 오르는 걸 본다. 감독이 질문은 이 지점에 있다. 남성의 편에서 사건을 경미한 것으로 축소해서 피해자의 분노를 유발하려 한다기보다는 가해자 처벌이 곧 피해자의 치유를 의미하는지를 묻고 있다. 피해자 편에서 생존의 문제를 적극 이슈화하고 싶은 것이다. 관객 스스로 성폭력 사건의 강력한 메타포를 인생의 어떤 부분에 매치시킬 것인가를 고심하게 한다.

지금 나는 그 어느 때보다 제 정신이야

65세가 넘으면 우리 사회에서도 보편적 경로 복지가 시행되는 걸로 보아 노인임에 분명하다. 필자 역시 이 나이가 돼본 적 없는 첫 경험인지라 참으로 놀라운 것은 60세를 넘으면서 더 맑아진 감각들과 투명해진 인식 능력이다. 어느 순간 쇠락할 것은 자명하나 현재 이 맑은 감각들은 설명하기 어려운 게 사실이다. 시각, 청각, 후각, 미각, 촉각 모두가 제대로 작동하고 있는 게 신기하다. 더 좋은 것은 막힌 구멍이 뚫리듯 모든 일에 생긴 자신감이다. 모든 의문이 풀리고 어떤 질문에도 대답할 수 있다는 것이다.

나 역시 고통을 동반하는 과거의 갖가지 기억들에 대해 '당시에는 그게 뭔지를 알 수가 없었다.' 나의 정신이 나를 이끌어온 것이 분명하다. 그렇듯 젊어선 없었지만 지금은 맑은 정신을 갖게 되었다. 다이애나의 이 말이 귀를 붙잡는다. 지금은 정신이 멀쩡하다.

사명감과 몰입이 일으키는 것

어떤 인간이건 세상에 태어난 데는 명확한 이유가 있다. 수동적으로 태어났으나 태어난 순간부터는 살고자 호흡을 위해 내지르는 소리의 크기로 자신의 능동성을 전시한다. '의지'라는 고강도 에너지가 응집된 유기체가 정신의 힘으로 자신을 이끌기 시작하는 것이다. 그 강도가 사람마다 다르긴 해도 누구에게나 있는 힘이므로 다이애나 나이애드가 말하는 사명감을 영웅심이나 우월감으로 가볍게 냉소할 수는 없다. 그는 동기 부여 연설가답게 보편적 삶의 의지를 이런 단어로 힘차게 표현하고 있다. 이때의 사명감이란 '소명 의식', 자아 존중감의 다른 말인 '태어난 이유'를 설명하기 때문이다. 여기에 몰입하여 개인은 자기 정체성 확립이라는 테마를 완성한다. 동시대 인간의 자아 존중감, 여기에서 파생되는 우정은 나이애드의 삶뿐 아니라 각자의 삶을 발전시키고 관객을 비롯한 다수 타인들의 삶을 힘껏 끌고 간다.

장거리 수영선수인 다이애나 나이애드(아네트 베닝)는 작가, 언론인이기도 하지만 이 영화의 관객에게 의미 있어 보이는 직업은 동기 부여 연설가일 것이다. 지와 덕으로 말하는 것이 아니라 몸(체)으로 경험한 것을 덕과 지로 해석하고 다음 세대에게 영향력을 발휘하는 방식이다. 몸이 생각하고 기억하는 것에 대한 이해력은 정신분석학의 분야일 수도 있으나 관객은 이미 사회의 엄연한 현상을 통해 이해력을 증진하고 있다.

부부 감독(지미 친 & 엘리자베스 차이 베사헬리)이면서 다큐를 제작해온 두 감독이 노배우들을 출연시켜 전달하는 강인한 인간의 이야기를 감상하며 이들과 동시대인임에 슬며시 가슴 뿌듯하다.

21

더 와이프

The Wife와 아니 에르노의
『단순한 열정 Passion Simple』

생산 경제 관계로서의 부부
기억을 해석하는 여성들

"나도 와이프가 있으면 좋겠어."

1990년대, 주부들과 함께하는 모임의 리더이기도 했던 (여)선배가 이런 말을 했다. "집안일 다 해주는 와이프 말이야." 그냥 공감이 오갔다. 영화 〈더 와이프 The Wife〉라는 제목이 자력으로 의미를 확장하고 있는 것도 그의 말이 생각나서다. 주인공 조안 카스틀레만(글렌 클로스 분)과 아니 에르노*의 『단순한 열정』 속 주인공인 작가 자신 모두 글을 쓰는 행위 자체가 삶의 전체가 되는 여인들이다.

욕망의 교류

"당신이 글 쓰는 동안 아이 돌보고 식사 준비한 건 나야."
영화 〈더 와이프〉에서 아내 조안이 평생 써온 문학작품으로 노벨상을 받게 되는, 남편 조셉 카스틀레만(조나단 프라이스 분)의 이 대사는 소

위 '살림남'을 생각나게 한다. 문학적 재능이 조안보다 부족한 조셉은 살림남의 자리에 앉지만 사회적 명성(공허한 것이라 해도)이 보상으로 따르기 때문에 할 만해 보인다. 작품 제작을 '생산'으로 봤을 때 이 부부의 행위는 조셉의 말처럼 '나쁜' 게 아닐 수 있지만 조안을 고통으로 몰아넣는 건 기억을 해석하는 두뇌와 양심이다.

『단순한 열정』속 아니 에르노의 의식은 조안과 정확히 반대편에 위치한다. 아니는 젊은 시절의 선택(임신 중지)과 기혼남과의 연애에 대해 가차 없는 고백으로, 조안은 회한과 고뇌의 표정으로 기억의 해석을 들려준다. 성적 쾌락이 '사고의 마비'라는 결과를 만든 시간에 대한 기억. 지루하게 이어지며 책의 절반을 차지하는 '삼류 불륜 스토리'를 노벨상에 기대어 참고 읽다 보면 보답이 온다.

아니는 '내가 확신할 수 있는 것'의 증거로써 기억의 우물에서 남자의 성기를 건져 올린다. '그가 나를 욕망하느냐 욕망하지 않느냐를 알 수 있는 유일하고도 명백한 진실'로서 자신이 느끼는 희열의 형상이라는 고백이다. 타자의 욕망은 나의 욕망과 분리되지 않는 경우가 많아, 부정적이든 긍정적이든 상대의 욕망을 촉발하는 효과를 낳는다. 교수실에서 조안의 작품을 읽고 재능을 알아본 조셉은 키스하고 조안은 반응한다. 조셉 부부의 침실 옷장을 들여다보고 서랍을 열어보는 행위, 애무하는 대로 목을 맡기고 있던 기억은 아니와 동일하게 조안의 욕망이 타인의 욕망에 의해 확인된다는 고백이다.

대사 퍼즐

이 영화의 불편함은 조안 스스로 주체적 삶에서 후퇴한다는 점에 있다. 조안은 조셉의 아내 캐롤(그라녀 키난 분)이 던진 조셉의 넥타이를 반사적으로 주워 든다. 또한 작가들의 모임에서 만난 여성 작가 일레인(엘리자베스 맥고번 분)의 한 마디, "쓰지 말아요. 아무도 읽지 않을 테니."라는 말에 자기 암시를 받고 독자가 없을 거라는 두려움에 압도당한다. 여성 작가를 폄하하는 출판사 남자들의 대화를 듣고는 뒷방 작가로 남겠다고 결심하면서 조셉을 설득하는 장면은 공감보다는 전율을 일으킨다. 내성적 성격을 내세워 사회에 속하는 데 소극적이고 남편의 이름 뒤에 숨어 글만 쓰면 된다고 생각하는 것에 물론 개연성은 있다. 문학 교수인 조셉이 이 순간 제자이며 동시에 사랑하는 여자인 조안을 일으켜 세우지 않고 자신의 명예를 택하는 현실 속 캐릭터라는 게 묘하게 씁쓸하다.

조셉 부부의 아이를 봐주러 간 장면에서는 "그게 그 여자애야?" 캐롤의 물음에 "이름은 조안이야." 조셉이 대답한다. 캐롤은 왜 '이름이 뭐죠?'라는 물음으로 자신과 같은 여성에게 직접적인 관심을 보이지 않는가. 후에 정신과 의사가 되고 딸을 치과 의사로 키웠다는 것으로 주체적 여성을 대변할 수 있는가. 조셉의 사진 담당 여기자의 태도 역시 여성 관객의 수치심을 자극한다. 과학자이며 물리학상 수상자의 아내(조안의 모습에서 뭔가를 알아챈 듯 관심 있게 뒤돌아보는)에게는 성격을 표현하는 '대사'가 주어지지 않는다. 감독이 남자임을 굳이 상기시키는 점이 아쉽다.

선택과 기억의 오류

"필요한 것은 이미 다 있다."

조셉의 작품을 읽고 자신이 고쳐보겠다고 제안하는 조안의 이 대사는 '작품의 주제와 구성'이라는 큰 틀이 조셉에 의해 이미 만들어져 있음을 시사한다. 조안이 살을 붙여 완성하는 작업을 하면서 부부의 역할 분담이 시작된다. 부부의 구체적인 분업을 설명해주는 감독의 힌트는 조안이 비행기 안에서 몰두하고 싶어 하는 '낱말 퍼즐 맞추기'와 조셉이 들고 있는 습작 노트. 이 부부의 비밀을 파헤쳐 전기를 써보려는 나다니엘(크리스천 슬레이터 분)에게 "다음 작품을 쓸 용기를 갖는 게 중요하다."라는 조셉의 말도 거짓이 아니다.

조안은 기억을 분석해내는 작가다운 명석함으로 결국 자기 환멸에 이른다. "난 당신이 생각하는 것보다 훨씬 복잡한 인간이다."라는 말은 자조적이지만 뚜렷한 자아 인식이 이루어낸 고백이다. 거리에서 본 '구토하는 행인'으로 표현된 자기혐오와 함께 '킹 메이커'라는 그림자 역할은 자신이 원한 게 아님을 깨닫는다.

조셉은 교수로서 소설 작법의 기본을 가르치고 격려하며 작가들의 모임에 데리고 가고 지지해줌으로써, 일차적으로는 조안을 성장시키는 위치에 있다. 그러나 '성적 행위'로 사고력을 마비시키고 의존하게 만드는 것이 고의는 아니더라도 중요한 순간에 여성을 대하는 남성의 행위의 결과는 개인의 실존과 극복의 과제가 지닌 다채로운 형태와 무게를 설명한다.

'문학작품의 공동 제작과 역할 분담'이 합의된 후에는 상대에게 책임을 돌릴 수도 없고 완전범죄로 정리될 수도 있다. 그래서 이 난국을 대신 떠안아 통증을 느끼는 아들 데이빗(맥스 아이언스 분)이 존재한다.

거대한 고요

아니 에르노의 기억들이 가져다준 '내면에 가득 차오르는 느낌'이라는 결과물은 '문학적 영감으로 승화될 가능성'으로, 열정, 혹은 개인의 수난(passion)의 시대가 끝난 후에 갖게 된 단련되고 제련된 자산이다. 반면 조안 카스틀레만의 기억의 웅덩이에서 급부상하는 선명한 젊은 날의 선택들은 아들 데이빗의 고통의 근원이 돼 돌아오면서 조안의 '고해'를 요구한다.

여자를 유혹할 때마다 조이스의 시를 읊조리고 아내를 존경하고 사랑한다는 조셉의 말은 위선일까. "다 그만두고 조용한 데 가서 오두막이나 짓고 살자." 조셉의 이 대사는 조안과 관객에게 거듭 무시당하지만 배우 조나단 프라이스의 내면 연기로 알아낼 수 있다. 재능 없어도 노력해야 하는 평범한 숙명의 작가, 문학 교수라는 전직이 멍에가 되는 인간일 뿐이라는 것.

아니 에르노가 '자신도 모르는 사이에 나를 세상과 더욱 굳게 맺어준' 사람으로 '그'를 표현하게 됐을 때, 유품이 된 조셉의 습작 노트의 빈 페이지를 조안의 손이 비로소 어루만질 때, 아니와 조안의 눈은 '거대한 고요' 안에 있게 된다.

* 2022년 노벨상 수상 작가.

2022년 11월, 여성신문

22
다음 소희
Next Sohee

선택과 책임의 하한선과 상한선

서바이벌 게임

문제의식이 난무하는 힘겨운 영화는 어찌해야 하나. 요리조리 도망칠 궁리를 하며 불편해하는 관객의 모습이 보인다. 고개를 돌리고 극장을 나서거나 화면을 꺼버리면 그만이지만 보기를 선택했으니 최소한 끝까지 보긴 해야 한다. 선택의 하한선이다. 이 게임에서 살아남으려면 책임에 있어서는 상한선과 하한선 중 어느 쪽으로 노선을 정해야 할까. 실제로는 중도 노선을 택하며 이어져 가는 만큼 만족도 역시 아슬아슬하다. 여성 감독들이 당찬 유머 감각과 자신감으로 성장하기를 응원하면서 책임의 상한을 선택한다.

"엄마, 나 다른 회사로 옮기면 안 될까?" 열여덟 살 소희는 '회사 그만두면 안 될까'라고 묻고 싶었을 것이다. 그보다도 이걸 왜 엄마에게 묻고 있는지 의아해하다가 '미성년'이라는 걸 기억해내지만 공감이 쉽지 않다. '다음 소희(next Sohee)'들이 차디차고 예민한 사고의 실천 강령을 세우려면 무엇부터 해야 할까. 18세 소희가 12년 동안 다닌 학교에서 배운 것은 무엇일까.

영화 〈다음 소희〉의 정주리 감독은 소희(김시은 분)를 둘러싼 사회 전반에 있는 어른들을 관객의 비난 혹은 비판에 노출시키고 있다. 이들은 '현장실습'이라는 이름으로 사회에 진입한 소희가 배운 것, 무관한 곳에 입사하는 것, 적성대로 진학하지 않는 것이 이상할 게 없다는 뿌리 깊은 모순에 순응하고 있다. 또한 끊임없이 상사 혹은 상위 기관의 눈치를 보고 '조직의 생리'에 '종속'된 사회의 부속품으로서 미성년인 소희와 자신들을 동일시할 정도로 자의식 부재의 어른들이다. 그럼에도 그들의 입에서 나오는 생존을 위한 자기변명에 쉽게 공감되는 만큼 표면화된 문제의식은 선명하지만 진부하다.

한 줄기 빛

구멍가게 문틈으로 스며드는 희미한 한 줄기 '빛'의 미장센은 소희가 기댈 언덕으로서 필요조건이다. 그러나 빛의 상징인 '부모'의 모습은 매 장면 불편하고 희미하게 뭉개진다. 딸과 마주 앉은 식탁에서 보이는 엄마의 멍한 표정, 자해한 팔을 치료하고 돌아가는 차의 앞좌석에서 등을 돌리고 앉은 부모, 딸의 말을 듣고도 못 들은 척하는 엄마와 힘없이 떨어져 내리는 눈발. 부검해달라고 소리치며 책임을 전가해보려는 아버지의 몸짓, 딸의 꿈을 알지 못한 엄마의 회한이 적나라하다. 가난한 부모와 가진 게 많은 부모의 차이로 치부해보려 해도 쉽지 않다.

자기만족을 향한 길 위에 있지만 무겁기도 한 '책임'의 상한선을 설정하고 감당하는 '바람직한 어른'인 콜센터 팀장 이민호(심희섭 분)의 자살은 소희가 어른이 되는 길에 어둠을 드리운다. 성격의 강약에 앞서 사회 내 위치에서 생기는 고통의 처리 문제에서 개인은 어디까지 자신의 대들보를 끌어안을 수 있을까. 남편의 죽음

앞에서 사회가 가하는 고문에 자조적인 아내를 일으켜 세우는 사람 또한 죽음을 선택한 어린 소희다. 힘겨운 책임의 상한선을 지켜낸 인간의 서바이벌은 사회 안에서는 불가능한 것인가. 계속되는 안타까움이 해결책을 제시하지는 않으니 답은 개인의 몫이 될 수밖에 없다.

춤추는 소희는 사회의 일원이 아닌 '개인'을 표상하며 꿈은 개인의 존재 확인이다. 자신도 춤을 좋아하면서 '소희가 춤을 왜 추었느냐'는 형사 유진(배두나 분)의 물음은 가난한 소희에 대한 자연스런 의문인 듯 보이지만 꿈에 대한 무지와 억압을 드러내는 보통 어른의 사고를 대변한다. 그 어른들 역시 자신의 꿈의 존재와 실체를 모른 채 살아가는 사람들이라는 방증이다. 유진도 소희라는 '거울'에 자신을 투영한다.

최대한의 책임

어머니 이야기를 피하는 모습에서 고인이 된 어머니와의 편치 않은 관계가 유진이 휴직했던 이유로 추측되는 가운데 상사의 질책에 저항하며 계속되는 유진의 수사는 죽은 소희에게 주는 진혼곡이자 자신을 향한 이해와 위로, 또 다른 소희를 위해 준비하는 한 줄기 빛이다.

소희는 마지막 의지의 대상인 남자 친구 태준(강현오 분)을 찾아가지만 동료로부터 이유 없이 뒤통수를 맞고 농담인 척 던지는 모욕을 당하는 모습을 본다. 태준 역시 고객의 언어폭력과 직장 내 노동 착취를 감내해야 하는 소희만큼이나 불합리한 세상에 던

저져 있다.

"다음에 또 욱하면 나한테 말해. 경찰한테는 말해도 돼." 남이 인정하는 것만이 책임의 속성은 아닐 테니 양심의 소리를 듣는 자는 자신을 구하기 위해 책임의 상한을 결정할 것이다. 누군가는 공감하고 곁을 지켜줘야 한다는 어른 유진의 책임감이 태준을 오열하게 할 때 함께 우는 관객이 보인다.

2023년 10월, 여성신문

23
드라이브 마이 카
Drive My Car

소통하는 세계인이고 싶은 작가와 감독

자기 성찰의 힘

고대의 철학자가 일찍이 간파했듯 아는 것을 통해 모르는 것을 발견하는 일은 생각으로 존재하는 인간의 거룩한 야심이다. 잘 닦여진 인생이라 해도 뒤늦은 후회가 상상이 될 때, 질끈 눈 감지 않는 용기를 택해야 하는 순간, 21세기에도 계몽주의는 유효하다. 영화 〈드라이브 마이 카〉의 주인공 가후쿠 류스케(니시지마 히데토시 분)에게 두드러지는 깨어 있는 자의 자기 탐구를 위해 홀로 되는 시간은 결국 '나아가는 혹은 나아가려는(drive) 자'에게 필요한 선택을 위한 시간이다.

'곁에 있다가 사라진 존재'가 남긴 것이 살아 있는 자의 숙제를 돕는 '힌트'가 된다면 정체 모를 '행복'의 시작일 수도 있다. 진실을 알고 있으면 해석과 수용의 방법이 있고 선택의 여지

ⓒ 차선화

가 있으나 모른다면 속수무책이기 때문이다.

동명의 원작(무라카미 하루키)에서는 전속 기사 와타리 미사키(미우라 도코 분)에 대한 가후쿠의 시선 처리가 중요한 부분이다. 영화에서도 꽤 적절한 배치로 이루어냈다. 하마구치 류스케 감독의 영화는 가후쿠의 고뇌를 해석하는 '관객'의 위치에서 앞자리(운전석)의 와타리는 위로를 나누는 구원의 존재로 분명한 존재감을 드러내고 풍성한 해석을 이루어낸다. 이런 결과는 현대인의 삶을 지속하는 데 필요한 세 가지 도구로서 일(work), 차(car), 언어(language)의 보편적 정의를 내린다.

무슨 일을 하십니까

배우이자 연출가인 가후쿠는 2년 전에 죽은 아내 오토(키리시마 레이카 분)에 대한 기억을 해석하려 하지만 마땅히 해내지 못하고 있다. 오토에게는 성행위가 끝나면 쓰고 있는 티비 드라마의 스토리를 무의식의 상태에서 읊조리는 버릇이 있다. 가후쿠는 극한 체험으로서의 성적 오르가즘이 오토에게는 영감의 매개임을 알고 있다. 오르가즘을 통한 해방이 오토의 무의식을 수면 위로 끌어올리고 의식으로 변환, 결정적 언어로 형상화되는 것이다. 동종의 직업에 종사하는 가후쿠에게는 오토의 독특한 '글쓰기 방식'인 문란한 성생활이 도덕적으로 용인될 수 없다 해도 작가인 개인의 '일'의 영역으로서 타인이 들여다볼 수 없는 '어두운 심연'이라는 것을 받아들일 수밖에 없다. 현실적으로는 어린 딸의 죽음이 둘을 엮는 공통의 슬픔인 상황에서 삶을 견디게 하는 '일'이야말로 계속 살아가게 하는 힘의 원천으로서 개인의 완벽한 영역이기 때문이다.

오토가 뭔가 결연히 말하려고 할 때에도 가후쿠는 오토를 잃는 게 두려워 듣기를 피해버리는 현실적인 캐릭터임을 보여준다. 그래서 오토의 갑작스런 죽음으로 아내가 뭘 말하려고 한 것인지를 영원히 알 수 없게 된 것이 가후쿠에게는 자신에게 스스로 가한 깊은 상처로 남는다. 현실이 개인의 보호막이 돼주거나 변명할 수 있게 돕지는 못한다는 통렬한 성찰이다.

가후쿠에게도 연출가로서의 일은 타인과의 소통은 물론 삶을 견디고 지속하게 하는 유일한 도구다. 『고도를 기다리며』(사뮤엘 베케트)의 모호한 대사로부터 『바냐 아저씨』(안톤 체홉)의 불평과 넋두리에서 드러내는 선명함은 소통의 도구인 언어를 다루는 가후쿠를 통해 하마구치 감독의 '일'의 해석을 읽을 수 있게 한다. 한편, 자동차를 운전하는 와타리의 일에 대한 자부심과 책임감, 자존감은 '생명력'의 근원으로까지 상승한다. 가후쿠의 삶은 와타리라는 '관객'의 공감을 통해 고독으로부터의 해방이라는 희망을 꿈꾸게 한다. 가후쿠가 기꺼이 와타리의 고향으로 차를 돌리는 행보에는 편견 타파는 물론이고, 고독으로부터 탈출하려는 개인의 암중모색, 오지로의 모험, 미지의 것에 대한 두려움의 극복 등등 다양한 해석이 가능하다. 이 가운데 가장 두드러지는 것은 어차피 지구라는 좁은 세계에 갇힌 존재가 좁은 생각에까지 갇힐 수는 없다는 결연한 의지의 표상이다. 그래서 둘의 여정에는 광막한 바다와 거친 비바람, 끝없는 도로가 이어지고, 멈추지 않고 달리며, 가후쿠는 차주(고용인)가 아닌 친구가 되어간다. 유일하게 천천히 차가 뒤로 가는 꽃집 앞 장면은 그래서 관객이 지나치지 말아야 할 서정적 미장센이다. 시간과 마음을 투자하는 곳은 우정과 사랑의 장소다.

구원의 언어

운전석이 우측에 있는 일본에서 가후쿠의 차는 좌측 운전석의 SAAB(스웨덴). 이 차를 운전하는 와타리의 노련한 운전 솜씨는 가후쿠의 입을 빌어 표현된다. '중력을 느끼지 못했다'. 자동차는 몸을 이동시켜 목적을 이루게 하는 도구이면서 행동력과 방향의 메타포이기도 하다. 동시에 이 자동차 안에서 뒷자리는 무대가 돼서 배우 2인이 대화를 진행하고 운전석은 1인 객석이 되는 삼각구도를 그린다. 대사를 연습하는 가후쿠와 듣고 있는 와타리, 뒷좌석의 두 남자(가후쿠와 다카츠키)의 대화를 관객의 입장으로 듣는 와타리는 무대와 객석이 서서히 가까워지면서 공감대가 형성되는 과정을 시각화하는데 이때 자동차는 인간의 소통을 돕는 폐쇄 공간으로서의 무대이기도 하다.

진실을 외면한 자(선택하지 않은 자)의 고통은 진실을 직면할 때(선택할 때)에야 비로소 와해된다. 가후쿠는 와타리라는 관객을 통해 비로소 바냐의 대사가 편안해진다. 어머니에 대한 기억을 해석하고 책임지는 와타리는 우수한 독자, 뛰어난 관객으로서 소통의 도구인 언어를 실어 나르는 드라이버이기도 하다. 가후쿠와 와타리의 대화를 통해 전달되는 작가와 감독의 말은 '설명'의 사족이면서 동시에 관객을 위한 배려가 되기도 한다.

아시아권의 배우들을 선발해 모국어로 대사 연기를 하는 것은 고독한 인간의 완벽한 소통을 위한 대사 연출이라는 점에서 이 영화의 두드러진 특색이며 수상 이유일 것이다. 한국인이 주요 인물로 등장하는 것도 의도된 화해의 몸짓이겠지만 한국인의 묵은 정서에 머리 조아리는 느낌도 간과하긴 어렵다. 이런 점은 차치하고라도 원작자와 감독 모두 세계가 좁음을 의식하고 있음은 분명하다. 지구상의 한 종족으로서 시대정신인 '세계인'의 의식을 갖고 싶어 하는 것에는 관객도 긍정의 시선을 줄 수밖에 없다.

© 김성미

24
완벽한 가족
Blackbird

ⓒ 김성미

사랑과 죽음의 변주곡을 듣는 방법으로서의 존엄사

나 어디로 가는 걸까

남편이 준비해준 약물을 마신 릴리(수잔 서랜든 분)는 '이제 무섭다'고 말한다.

영화의 원제 'Blackbird'를 〈완벽한 가족〉으로 번역한다면 주제를 유추하는 게 그리 어렵지 않다. 죽음으로 자유를 얻어 날아오르기 위해서는 지상에 미련(한)이 없어야 할 테니까. 물이 가득 찬 바다가 얼마 후 썰물로 드러난 개펄이 될 복선의 미장센이 되는 것도 이 영화의 '통 큰 담백함'이다.

세상에 태어나 자기 삶을 채워나가는 것이 생이라면 '물이 가득 들어온 바다'는 릴리가 채우며 살아온 충만한 삶의 표상이다. 그러나 루 게릭 병으로 점차 몸이 굳어져 가고 아침에 일어나 허공으로 손을 뻗어 올리며 아직 살아 있음을 확인하지만 한 손은 이미 굳어 움직이지 않고 다리도 편치 않다. 자기 신체에 관한 한 누구의 도움도 받지 않으려는 모습을 보이는 가운데 남편 폴(샘 닐 분)과는 이미 모든 대화가 끝난 듯하고 두 딸 제니퍼(케이트 윈슬렛 분)와 안나(미아 바시코프스카 분), 친구 리즈(린지 던컨 분)가 릴리와의 마지막 남은 하루를 함께 하기 위해 온다.

우아함을 위한 선택

릴리가 자기 힘으로 지은 집에서 죽기로 결정하는 것은 '삶 속에서 죽음'을 뜻하니 생과 사를 분리하지 않는다는 뜻으로 해석된다. 그저 '어디론가 가는 것'이다.

"확실하게 죽도록 철저하게 준비했어." 릴리의 조력사를 담당하는 의사이자 남편인 폴(샘 닐 분)은 딸 제니퍼에게 삶을 일찍 마감하려고 결심한 사람들이 미치기는커녕 우울해하지도 않고 보통 지적이고 명석하고 분석적이고 아주아주 '자제력이 강하다(controlling)'고 말한다. 아내의 존엄사(엄밀하게는 조력사)에 사용하게 될 약품명을 언급하고 설명해 주면서 이 결정이 충동적이거나 비관적 혹은 감정적 행위가 아님을 분명히 한다.

"이거 불법이죠?"

"여기선 불법이지만 다른 데선 합법이지. 워싱턴, 오리건, 유럽으로 갈까도 생각했어."

할머니의 예정된 존엄사에 대해 손자와 할아버지가 나누는 대화 역시 덤덤한 질문과 대답으로 이어진다. 17세 손자의 질문을 분명히 이해한 할아버지의 대답은 알고 싶어 하는 것에 대해 정확한 정보를 전달할 뿐이다. 신뢰 넘치는 '대화'는 넓은 의미에서 사랑의 결과물인 걸까.

한편, 죽는 릴리보다 살아갈 사람들의 불안을 다독이는 일에

주력하는 이 영화는 죽음이 '경험'일 수는 없으나 생의 마지막 한 순간의 일이라는 것도 상기시키면서 유한한 삶을 새삼 숙고하게 한다.

죽음을 예정한 사람이 남아 있는 사람을 걱정할까, 살아 있을 사람들이 죽을 사람을 걱정할까. 이 영화는 기존의 생각을 뒤집어 상상하게 한다. 릴리(Lily)는 강한 향을 가진 것으로 잘 알려진 백합이다. 릴리는 항상 흰색을 좋아했고, 백작 부인이 착용했을 것이라 상상하며 진주 목걸이를 사는 등 현세의 우아함과 깨끗함을 좋아했다. 리즈의 연인이던 폴과 사랑에 빠져 리즈에게는 평생 미안함을 지닌 채 살았을 테지만 질투로 인해 관계가 얼룩지거나 소원해지지 않아 이제 가족 모두를 친구에게 맡길 수 있게 된다. 우아해지고 싶은 이 욕구의 실행은 정력적으로 살아 있는 사람이 가질 법한 '의식의 허영'만큼이나 공허하지만 하릴없이 '우아하다'. 모두가 죽는, 그 죽음에 대한 명징한 상상력으로나 가능해 보인다.

죽음에 대한 상상력

폴은 온실 안에서 토마토를 따다가 울음을 터트리지만 정작 릴리는 '나 지금 죽을 건데 안 일어나?' 하고 소리를 질러 가족을 실소하게 한다. 릴리의 예정된(의사 조력) 자살을 위한 마지막 가족 모임은 릴리 본인의 의지로 인해 매 순간 아슬아슬하게 밀려드는 슬픔(혹은 아쉬움)을 밀어낸다. '주위 사람들에 대한 애정'과 자신감으로 시종일관 유지되는 릴리의 유머를 배경으로 두 딸의 성격의 대치, 친구 리즈와 폴의 키스 장면이 촉발하는 긴장을 들여다

본다.

여성성과 모성의 신화를 넘어서다

스스로 현모양처라고 믿는 제니퍼는 남편과 아들을 통제하면서 사사건건 자신의 틀 안에 가두려고 한다. 내일 죽을 엄마를 위한 선물로 가져온 식탁 양념통 세트는 공감 능력의 빈곤을 말하는데 제니퍼 스스로 이런 점을 답답해한다. 안나 역시 도중에 차를 멈추고 망설이다가 마지못해 엄마를 찾아오지만 예상한 대로 제니퍼가 쏟아내는 잔소리에 부딪힌다. 한편 레즈비언인 안나가 릴리의 눈에는 자유로운 삶을 살고 있는 것처럼 보이나 그냥 '나로 살고 싶은 것'이라고 말하는 장면에서는 '표현의 섬세한 현실성'이 보인다.

완벽한 부모일 수는 없어도 완벽한 가족이 되는 것 정도가 우리 최대한의 소망이다. 곧 죽을 엄마 앞에서 드러나는 두 자매의 문제가 릴리의 존엄사에 대해 동의하지 못하는 정서적 문제와 수평으로 놓인다. 릴리가 존엄사를 택하지 않았다면 두 자매의 문제 역시 수면 위로 떠오를 기회를 잃었을 수 있다.

죽음을 목전에 둔 주인공으로 인해 너그러워진 시선이라 하더라도 리즈와 폴의 내연관계를 독려하는 릴리의 태도에 공감하기란 어렵다. 죽음에 대한 충분한 상상뿐 아니라 긴 설명이 없으니 지적인 힘도 필요하다. 무거운 주제와 인물들의 지적 표현으로 간결하게 처리되는 대사에서 이들의 직업을 유추해보면 공감의 지평이 열린다. 릴리는 건축가(자기가 지은 집), 리즈는 문학 교수(오딧세이)다. "안나는 마음이 좀 약하지?" 리즈의 짧은 질문에 함축미가 있다. "아니, 강한 애야."라고 대답하는 엄마인 릴리보다 더 관심 있게 보고 있다는 건데 이런 이유로 릴리는 자녀에게 충분히 주지 못한 관심을 리즈가 대신 줄 수 있다고 믿는다. 어떤 사람에 대한 신뢰는 자기 자신에 대한 신뢰를 말하기도 하는데 이런 관계가 궁극의 '가족'이다.

리즈가 언급하는 '오딧세이'에도 번역된 제목 '완벽한 가족'과 절묘하게 만나는 지점이 있다. 그러나 죽음에 대한 명징한 상상 없이 자칫 모성, 혹은 여성성의 신화로 해석하는 오류는 불필요하다. 그래서 릴리 대신 폴(남편)이 주인공이 되는 속편 영화를 기대해보는 것만큼은 관객의 권리다.

같은 주제, 다른 접근 <미 비포 유>

존엄사를 다룬 또 하나의 명작으로 〈미 비포 유 Me Before You〉를 꼽는다. 부유한 사람들의 이야기라는 공통점을 뺀다면 명백하게 제공하는 정보의 차이가 두 영화를 극명하게 가른다. 영국에서 스위스로 가는 윌*과 독립적으로 국내에서 해결하는 릴리는 존엄이라는 개인의 선택과 어떤 관련이 있을지를 생각하는 것도 관객만이 누리는 기회다.

* '미 비포 유'의 남자 주인공.

부록

영화 24편의 관객에게 드리는 발문 모음

1. 헤어질 결심
- 해준의 시력과 서래의 크고 영롱한 눈은 무엇을 설명합니까?
- 노래 속 안개와 이포의 안개는 어떤 이미지일까요?
- '우리'로 지칭하는 인간관계는 어떤 궁극의 의미가 있습니까?
- '사랑'이라는 감정을 인지하고 지키는 데는 어떤 능력이 필요할까요?

2. 다가오는 것들
- '선택'에 대한 나탈리와 파비앵의 태도에서 다른 점은 무엇입니까?

3. 여덟 개의 산
- 지도의 등고선과 세 사람의 관계
- 브루노의 죽음이 어떻게 보이나요?
- 세 남자는 인생을 어떻게 이해하고 있습니까?

4. 경아의 딸
- 누구의 '편'이 된다는 것의 궁극의 의미는 무엇일까요?
- 자녀가 부모보다 더 성숙한 인간일 수도 있을까요?

5. 페인티드 베일
    - 월터가 수로가 아닌 육로로 간 이유는 뭘까요?
    - 키티가 찰리와 함께 있을 때, 월터는 왜 문을 열려고 하다가 말았을까요?

6. 피아니스트의 전설
    - '배에서 내린 게 잘한 일인가' - 맥스는 왜 이런 자문을 합니까?
    - '네 이야기를 들려줄 누군가가 있다면' - '이야기'란 뭘 말할까요?
    - 흔들리는 배와 넘어지지 않는 주인공은 뭘 의미할까요?
    - NH가 재즈 배틀에 적극적으로 대응한 이유는 무엇일까요?

7. 맨체스터 바이 더 씨
    - 리 챈들러는 어떤 사람인지 디테일하게 관찰해보세요.
    - 리는 아버지로서 어떤 사람입니까?
    - 랜디는 무엇을 후회하고 있는 걸까요?
    - 제목의 시적 의미를 이해해 보세요.
    - 공을 주고받는 마지막 장면은 어떤 의미일까요?

8. 더 리더 : 책 읽어주는 남자
    - 제목을 '책 읽어주는 남자'라고 번역한 것이 마음에 드십니까?
    - 한나가 떠난 후, 마이클은 풀장에서 무엇에 대해 고뇌하고 있었을까요?
    - 한나는 왜 자살했을까요?
    - 마이클이 계속해서 한나에게서 보는, 가장 강력한 인상은 무엇입니까?
    - 이 영화는 당신에게 어떤 영향력이 있습니까? 그 영향력에 기분이 좋으신가요?

9. 슬픔의 삼각형
- 엔딩 씬에서 칼은 왜 뛰어가는 걸까요? 칼이 걱정하는 대상은 누구일까요?
- 칼과 야야, 웨이터가 있는 레스토랑 씬에서 독자의 공감의 위치는 어디입니까?

10. 오마주
- 담배, 출산, 엄마 - 이 세 가지는 '오마주'에서 어떤 장치로 사용됐습니까?
- 지완의 시어머니는 현실적인가요?

11. 사랑하는 당신에게
- 사랑하는 사람과의 '잃어버린 시간'이 있다면 어떤 시간일까요?
- 제르맹의 춤 동작으로, 그가 아내에게 하고 싶은 말이 무엇인지 짐작이 되나요?

12. 가장 따뜻한 색, 블루
- 아델은 레즈비안일까요?
- 아델의 친구들에 대해 생각해보세요.
- 아델과 엠마 간 갈등의 원인 분석을 해보세요.

13. 눈먼 자들의 도시
- 불편함을 견디는 것과 못 견디는 것은 어떤 결과의 차이를 만들까요?
- 마지막 장면에서 의사의 아내는 실명했나요?

14. 어디 갔어, 버나뎃
- 버나뎃이 뜨개질을 하는 것은 어떤 이유에서일까요?
- 버나뎃의 집 벽 인테리어를 주의 깊게 즐겨보세요.
- 범인과 비범인의 차이를 어떻게 알아볼 수 있습니까?
- '천재를 이해하는 방법'을 알고 있습니까?

15. 정이
- 윤리 테스트의 목적이 무엇일까요?
- 윤서현은 이 테스트에서 몇 점을 받았을까요?

16. 가재가 노래하는 곳
- 테이트와 체이스의 다른 점은 어떻게 설명할 수 있습니까?
- 인간은 자기가 살 곳을 스스로 결정할 수 있습니까?
- 자신의 생각에 압도되지 않고 상대의 말을 그대로 이해한다면 어떤 결과가 생길까요?

17. 퍼펙트 데이즈
- '배설과 반대일 수 있는 개념을 생각해보세요.
- 히라야마와 니코는 어떤 공통점으로 교감하는 걸까요?
- <W. 포크너, 야생종려나무> <P. 하이스미스, 11> <고다 아야, 나무> 위 세 작품이 언급되는 이유는 뭘까요?
- OX 놀이는 무엇을 의미합니까?
- 올드 팝, 50~60년대의 책을 등장시켜 얻는 효과는 뭘까요?

18. 남아 있는 나날
- Mr. 벤과 Mr. 스티븐스의 생각을 비교해보세요.
- butler와 servant는 어떻게 다른 걸까요?

19. 위대한 작은 농장
- 양봉업 48년 경력의 노인은 왜, '자네, 이 일 몇 년이나 했나?' 물었을까요?
- 토드(개)의 눈은 무엇을 말합니까?

20. 나이애드의 다섯 번째 파도
- 나이애드의 도전을 연도와 날짜별로 정리해보시면 실화의 감동이 배가됩니다.
- '상상력의 정확도'가 중요한 경우를 경험해봤습니까?

21. 더 와이프
- 부부는 사회적으로 어떤 관계에 있다고 생각하십니까?

22. 다음 소희
- 소희의 부모에게서 무엇이 느껴집니까?

23. 드라이브 마이 카
- 오토의 칠성장어를 통해 가후쿠는 오토를 어떻게 이해하게 됐을까요?
- 차 속의 가후쿠, 다카츠키, 와타리의 구도를 읽어보세요.
- 사랑과 성행위에 대해 이 영화는 어떻게 이야기하고 있습니까?

24. 완벽한 가족
- 존엄사, 조력사, 안락사를 구분해보세요.
- 큰딸 제니퍼의 '선물 고르는 법'에서 무엇이 느껴집니까?